CHINESE NAMES, SURNAMES, LOCATIONS & ADDRESSES

中国大陆地

SHANXI PROVINCE - PART 8

山西省

ZIYUE TANG

汤子玥

ACKNOWLEDGEMENT

I am deeply indebted to my friends and family members to support me throughout my life. Without their invaluable love and guidance, this work wouldn't have been possible.

Thank you

Ziyue Tang

汤子玥

PREFACE

The book introduces foreigner students to the Chinese names along with locations and addresses from the **Shanxi** Province of China (中国山西省). The book contains 150 entries (names, addresses) explained with simplified Chinese characters, pinyin and English.

Chinese names follow the standard convention where the given name is written after the surname. For example, in 王威 (Wang Wei), Wang is the surname, and Wei is the given name. Further, the surnames are generally made of one (王) or two characters (司马). Similarly, the given names are also made of either one or two characters. For example, 司马威 (Sima Wei) is a three character Chinese name suitable for men. 司马威威 is a four character Chinese name.

Chinese addresses are comprised of different administrative units that start with the largest geographic entity (country) and continue to the smallest entity (county, building names, room number). For example, a typical address in Nanjing city (capital of Jiangsu province) would look like 江苏省南京市清华路 28 栋 520 室 (Jiāngsū shěng nánjīng shì qīnghuá lù 28 dòng 520 shì; Room 520, Building 28, Qinghua Road, Nanjing City, Jiangsu Province).

All rights reserved.

©2024 Ziyue Tang.

CONTENTS

ACKNOWLEDGEMENT 2
PREFACE 3
CONTENTS 4
CHAPTER 1: NAME, SURNAME & ADDRESSES (1-30) 5
CHAPTER 2: NAME, SURNAME & ADDRESSES (31-60) 16
CHAPTER 3: NAME, SURNAME & ADDRESSES (61-90) 27
CHAPTER 4: NAME, SURNAME & ADDRESSES (91-120) 38
CHAPTER 5: NAME, SURNAME & ADDRESSES (121-150) 50

CHAPTER 1: NAME, SURNAME & ADDRESSES (1-30)

1051。姓名: 宁先光

住址（大学）：山西省吕梁市交城县进不大学茂发路 865 号（邮政编码：435237）。联系电话：91162738。电子邮箱：pzmck@agutifbp.edu.cn

Zhù zhǐ: Nìng Xiān Guāng Shānxī Shěng Lǚliáng Shì Jiāo Chéng Xiàn Jìn Bù DàxuéMào Fā Lù 865 Hào (Yóuzhèng Biānmǎ：435237). Liánxì Diànhuà：91162738. Diànzǐ Yóuxiāng：pzmck@agutifbp.edu.cn

Xian Guang Ning, Jin Bu University, 865 Mao Fa Road, Jiaocheng County, Luliang, Shanxi. Postal Code: 435237. Phone Number：91162738. E-mail：pzmck@agutifbp.edu.cn

1052。姓名: 凤员乐

住址（医院）：山西省长治市长子县钢葛路 460 号继立医院（邮政编码：925233）。联系电话：61987739。电子邮箱：zcdoq@pxhqgmuj.health.cn

Zhù zhǐ: Fèng Yuán Lè Shānxī Shěng Chángzhì Shì Zhǎngzǐ Xiàn Gāng Gé Lù 460 Hào Jì Lì Yī Yuàn (Yóuzhèng Biānmǎ：925233). Liánxì Diànhuà：61987739. Diànzǐ Yóuxiāng：zcdoq@pxhqgmuj.health.cn

Yuan Le Feng, Ji Li Hospital, 460 Gang Ge Road, Eldest Son County, Changzhi, Shanxi. Postal Code: 925233. Phone Number：61987739. E-mail：zcdoq@pxhqgmuj.health.cn

1053。姓名: 姚阳发

住址（湖泊）：山西省阳泉市平定县圣冠路 230 号隆熔湖（邮政编码：349967）。联系电话：82810349。电子邮箱：hvqem@gukpbcht.lakes.cn

Zhù zhǐ: Yáo Yáng Fā Shānxī Shěng Yángquán Shì Píngdìng Xiàn Shèng Guàn Lù 230 Hào Lóng Róng Hú (Yóuzhèng Biānmǎ：349967). Liánxì Diànhuà：82810349. Diànzǐ Yóuxiāng：hvqem@gukpbcht.lakes.cn

Yang Fa Yao, Long Rong Lake, 230 Sheng Guan Road, Pingding County, Yangquan, Shanxi. Postal Code: 349967. Phone Number：82810349. E-mail：hvqem@gukpbcht.lakes.cn

1054。姓名: 公冶振钊

住址（医院）：山西省长治市上党区珂桥路 716 号楚锡医院（邮政编码：652694）。联系电话：32652896。电子邮箱：fkzun@khulnqae.health.cn

Zhù zhǐ: Gōngyě Zhèn Zhāo Shānxī Shěng Chángzhì Shì Shàng Dǎng Qū Kē Qiáo Lù 716 Hào Chǔ Xī Yī Yuàn (Yóuzhèng Biānmǎ：652694). Liánxì Diànhuà：32652896. Diànzǐ Yóuxiāng：fkzun@khulnqae.health.cn

Zhen Zhao Gongye, Chu Xi Hospital, 716 Ke Qiao Road, Shangdang District, Changzhi, Shanxi. Postal Code: 652694. Phone Number：32652896. E-mail：fkzun@khulnqae.health.cn

1055。姓名: 元昌尚

住址（寺庙）：山西省晋城市阳城县斌大路 297 号可冕寺（邮政编码：779781）。联系电话：11508909。电子邮箱：uehjm@yuvgaebw.god.cn

Zhù zhǐ: Yuán Chāng Shàng Shānxī Shěng Jìnchéng Shì Yáng Chéng Xiàn Bīn Dài Lù 297 Hào Kě Miǎn Sì (Yóuzhèng Biānmǎ：779781). Liánxì Diànhuà：11508909. Diànzǐ Yóuxiāng：uehjm@yuvgaebw.god.cn

Chang Shang Yuan, Ke Mian Temple, 297 Bin Dai Road, Yangcheng County, Jincheng, Shanxi. Postal Code: 779781. Phone Number：11508909. E-mail：uehjm@yuvgaebw.god.cn

1056。姓名: 何王汉

住址（公园）：山西省晋中市榆社县泽盛路 198 号原食公园（邮政编码：387860）。联系电话：35682827。电子邮箱：sljvb@myrsaihf.parks.cn

Zhù zhǐ: Hé Wáng Hàn Shānxī Shěng Jìn Zhōng Shì Yú Shè Xiàn Zé Shèng Lù 198 Hào Yuán Sì Gōng Yuán （Yóuzhèng Biānmǎ：387860). Liánxì Diànhuà：35682827. Diànzǐ Yóuxiāng：sljvb@myrsaihf.parks.cn

Wang Han He, Yuan Si Park, 198 Ze Sheng Road, Yushe County, Jinzhong, Shanxi. Postal Code: 387860. Phone Number：35682827. E-mail：sljvb@myrsaihf.parks.cn

1057。姓名：高歧兆

住址（医院）：山西省太原市晋源区勇阳路 999 号鸣立医院（邮政编码：499430）。联系电话：33933168。电子邮箱：ounsx@jywxivms.health.cn

Zhù zhǐ: Gāo Qí Zhào Shānxī Shěng Tàiyuán Shì Jìn Yuán Qū Yǒng Yáng Lù 999 Hào Míng Lì Yī Yuàn （Yóuzhèng Biānmǎ：499430). Liánxì Diànhuà：33933168. Diànzǐ Yóuxiāng：ounsx@jywxivms.health.cn

Qi Zhao Gao, Ming Li Hospital, 999 Yong Yang Road, Jinyuan District, Taiyuan, Shanxi. Postal Code: 499430. Phone Number：33933168. E-mail：ounsx@jywxivms.health.cn

1058。姓名：晏洵鹤

住址（酒店）：山西省晋城市陵川县恩敬路 998 号愈科酒店（邮政编码：115740）。联系电话：67530276。电子邮箱：pckoe@cmtvblog.biz.cn

Zhù zhǐ: Yàn Xún Hè Shānxī Shěng Jìnchéng Shì Líng Chuān Xiàn Ēn Jìng Lù 998 Hào Yù Kē Jiǔ Diàn （Yóuzhèng Biānmǎ：115740). Liánxì Diànhuà：67530276. Diànzǐ Yóuxiāng：pckoe@cmtvblog.biz.cn

Xun He Yan, Yu Ke Hotel, 998 En Jing Road, Lingchuan County, Jincheng, Shanxi. Postal Code: 115740. Phone Number：67530276. E-mail：pckoe@cmtvblog.biz.cn

1059。姓名: 芮帆冕

住址（公园）：山西省晋中市榆社县寰铁路 416 号威德公园（邮政编码：689216）。联系电话：64818989。电子邮箱：kmscq@qguysxir.parks.cn

Zhù zhǐ: Ruì Fān Miǎn Shānxī Shěng Jìn Zhōng Shì Yú Shè Xiàn Huán Tiě Lù 416 Hào Wēi Dé Gōng Yuán （Yóuzhèng Biānmǎ：689216). Liánxì Diànhuà：64818989. Diànzǐ Yóuxiāng： kmscq@qguysxir.parks.cn

Fan Mian Rui, Wei De Park, 416 Huan Tie Road, Yushe County, Jinzhong, Shanxi. Postal Code: 689216. Phone Number：64818989. E-mail：kmscq@qguysxir.parks.cn

1060。姓名: 莘愈磊

住址（医院）：山西省阳泉市平定县游陶路 995 号中黎医院（邮政编码：592341）。联系电话：41479037。电子邮箱：jobzg@hvgpnrta.health.cn

Zhù zhǐ: Shēn Yù Lěi Shānxī Shěng Yángquán Shì Píngdìng Xiàn Yóu Táo Lù 995 Hào Zhòng Lí Yī Yuàn （Yóuzhèng Biānmǎ：592341). Liánxì Diànhuà：41479037. Diànzǐ Yóuxiāng：jobzg@hvgpnrta.health.cn

Yu Lei Shen, Zhong Li Hospital, 995 You Tao Road, Pingding County, Yangquan, Shanxi. Postal Code: 592341. Phone Number：41479037. E-mail：jobzg@hvgpnrta.health.cn

1061。姓名: 莫勇涛

住址（广场）：山西省朔州市山阴县伦强路 134 号陶豪广场（邮政编码：543979）。联系电话：55550650。电子邮箱：ejwhs@bocustla.squares.cn

Zhù zhǐ: Mò Yǒng Tāo Shānxī Shěng Shuò Zhōu Shì Shān Yīn Xiàn Lún Qiǎng Lù 134 Hào Táo Háo Guǎng Chǎng （Yóuzhèng Biānmǎ：543979). Liánxì Diànhuà：55550650. Diànzǐ Yóuxiāng：ejwhs@bocustla.squares.cn

Yong Tao Mo, Tao Hao Square, 134 Lun Qiang Road, Sanyin County, Shuozhou, Shanxi. Postal Code: 543979. Phone Number：55550650. E-mail：ejwhs@bocustla.squares.cn

1062。姓名: 暴沛渊

住址（公司）：山西省长治市沁县斌可路256号懂中有限公司（邮政编码：287111）。联系电话：42782872。电子邮箱：rtkbd@aqibckdw.biz.cn

Zhù zhǐ: Bào Pèi Yuān Shānxī Shěng Chángzhì Shì Qìn Xiàn Bīn Kě Lù 256 Hào Dǒng Zhòng Yǒuxiàn Gōngsī (Yóuzhèng Biānmǎ：287111). Liánxì Diànhuà：42782872. Diànzǐ Yóuxiāng：rtkbd@aqibckdw.biz.cn

Pei Yuan Bao, Dong Zhong Corporation, 256 Bin Ke Road, Qin County, Changzhi, Shanxi. Postal Code: 287111. Phone Number：42782872. E-mail：rtkbd@aqibckdw.biz.cn

1063。姓名: 廖澜浩

住址（火车站）：山西省大同市阳高县光愈路398号大同站（邮政编码：572866）。联系电话：95950050。电子邮箱：nvuil@lwbmigra.chr.cn

Zhù zhǐ: Liào Lán Hào Shānxī Shěng Dàtóng Shì Yáng gāo xiàn Guāng Yù Lù 398 Hào Dàtóng Zhàn (Yóuzhèng Biānmǎ：572866). Liánxì Diànhuà：95950050. Diànzǐ Yóuxiāng：nvuil@lwbmigra.chr.cn

Lan Hao Liao, Datong Railway Station, 398 Guang Yu Road, Yanggao County, Datong, Shanxi. Postal Code: 572866. Phone Number：95950050. E-mail：nvuil@lwbmigra.chr.cn

1064。姓名: 崔易红

住址（博物院）：山西省晋城市城区帆队路271号晋城博物馆（邮政编码：624961）。联系电话：74632091。电子邮箱：tfqil@haudjepn.museums.cn

Zhù zhǐ: Cuī Yì Hóng Shānxī Shěng Jìnchéng Shì Chéngqū Fān Duì Lù 271 Hào Jncéng Bó Wù Guǎn (Yóuzhèng Biānmǎ：624961). Liánxì Diànhuà：74632091. Diànzǐ Yóuxiāng：tfqil@haudjepn.museums.cn

Yi Hong Cui, Jincheng Museum, 271 Fan Dui Road, Urban Area, Jincheng, Shanxi. Postal Code: 624961. Phone Number：74632091. E-mail：tfqil@haudjepn.museums.cn

1065。姓名: 梁丘领亚

住址（公司）：山西省晋中市灵石县王石路 608 号钊勇有限公司（邮政编码：334232）。联系电话：56112193。电子邮箱：psxaq@dqiumkzh.biz.cn

Zhù zhǐ: Liángqiū Lǐng Yà Shānxī Shěng Jìn Zhōng Shì Líng Shí Xiàn Wàng Shí Lù 608 Hào Zhāo Yǒng Yǒuxiàn Gōngsī (Yóuzhèng Biānmǎ：334232). Liánxì Diànhuà：56112193. Diànzǐ Yóuxiāng：psxaq@dqiumkzh.biz.cn

Ling Ya Liangqiu, Zhao Yong Corporation, 608 Wang Shi Road, Lingshi County, Jinzhong, Shanxi. Postal Code: 334232. Phone Number：56112193. E-mail：psxaq@dqiumkzh.biz.cn

1066。姓名: 山波咚

住址（广场）：山西省临汾市永和县民顺路 692 号兵轶广场（邮政编码：141371）。联系电话：78337655。电子邮箱：bzmjt@vxjcdwyg.squares.cn

Zhù zhǐ: Shān Bō Dōng Shānxī Shěng Línfén Shì Yǒnghé Xiàn Mín Shùn Lù 692 Hào Bīng Yì Guǎng Chǎng (Yóuzhèng Biānmǎ：141371). Liánxì Diànhuà：78337655. Diànzǐ Yóuxiāng：bzmjt@vxjcdwyg.squares.cn

Bo Dong Shan, Bing Yi Square, 692 Min Shun Road, Yonghe County, Linfen, Shanxi. Postal Code: 141371. Phone Number：78337655. E-mail：bzmjt@vxjcdwyg.squares.cn

1067。姓名: 车译红

住址（酒店）：山西省太原市娄烦县继迅路793号锡愈酒店（邮政编码：408078）。联系电话：16791955。电子邮箱：txyif@sanzkrml.biz.cn

Zhù zhǐ: Chē Yì Hóng Shānxī Shěng Tàiyuán Shì Lóu Fán Xiàn Jì Xùn Lù 793 Hào Xī Yù Jiǔ Diàn (Yóuzhèng Biānmǎ：408078). Liánxì Diànhuà：16791955. Diànzǐ Yóuxiāng：txyif@sanzkrml.biz.cn

Yi Hong Che, Xi Yu Hotel, 793 Ji Xun Road, Loufan County, Taiyuan, Shanxi. Postal Code: 408078. Phone Number：16791955. E-mail：txyif@sanzkrml.biz.cn

1068。姓名:阴征食

住址（家庭）：山西省运城市平陆县洵居路148号译磊公寓37层673室（邮政编码：242372）。联系电话：75603381。电子邮箱：xauzr@pwxhqoit.cn

Zhù zhǐ: Yīn Zhēng Yì Shānxī Shěng Yùn Chéng Shì Píng Lù Xiàn Xún Jū Lù 148 Hào Yì Lěi Gōng Yù 37 Céng 673 Shì (Yóuzhèng Biānmǎ：242372). Liánxì Diànhuà：75603381. Diànzǐ Yóuxiāng：xauzr@pwxhqoit.cn

Zheng Yi Yin, Room# 673, Floor# 37, Yi Lei Apartment, 148 Xun Ju Road, Pinglu County, Yuncheng, Shanxi. Postal Code: 242372. Phone Number：75603381. E-mail：xauzr@pwxhqoit.cn

1069。姓名:丁食嘉

住址（大学）：山西省阳泉市郊区中国大学威强路804号（邮政编码：956944）。联系电话：43419425。电子邮箱：blesc@svoxuqej.edu.cn

Zhù zhǐ: Dīng Shí Jiā Shānxī Shěng Yángquán Shì Jiāoqū Zhōng Guó Dàxué Wēi Qiǎng Lù 804 Hào (Yóuzhèng Biānmǎ：956944). Liánxì Diànhuà：43419425. Diànzǐ Yóuxiāng：blesc@svoxuqej.edu.cn

Shi Jia Ding, Zhong Guo University, 804 Wei Qiang Road, Jiao District, Yangquan, Shanxi. Postal Code: 956944. Phone Number：43419425. E-mail：blesc@svoxuqej.edu.cn

1070。姓名：拓跋人刚

住址（湖泊）：山西省晋城市城区盛轼路 555 号珂队湖（邮政编码：234988）。联系电话：34597868。电子邮箱：winsp@hjtzuolw.lakes.cn

Zhù zhǐ: Tuòbá Rén Gāng Shānxī Shěng Jìnchéng Shì Chéngqū Shèng Shì Lù 555 Hào Kē Duì Hú (Yóuzhèng Biānmǎ：234988). Liánxì Diànhuà：34597868. Diànzǐ Yóuxiāng：winsp@hjtzuolw.lakes.cn

Ren Gang Tuoba, Ke Dui Lake, 555 Sheng Shi Road, Urban Area, Jincheng, Shanxi. Postal Code: 234988. Phone Number：34597868. E-mail：winsp@hjtzuolw.lakes.cn

1071。姓名：蓝盛领

住址（医院）：山西省临汾市浮山县陆进路 431 号乐德医院（邮政编码：192695）。联系电话：58165910。电子邮箱：sbray@jpcvakdi.health.cn

Zhù zhǐ: Lán Chéng Lǐng Shānxī Shěng Línfén Shì Fúshān Xiàn Liù Jìn Lù 431 Hào Lè Dé Yī Yuàn (Yóuzhèng Biānmǎ：192695). Liánxì Diànhuà：58165910. Diànzǐ Yóuxiāng：sbray@jpcvakdi.health.cn

Cheng Ling Lan, Le De Hospital, 431 Liu Jin Road, Fushan County, Linfen, Shanxi. Postal Code: 192695. Phone Number：58165910. E-mail：sbray@jpcvakdi.health.cn

1072。姓名：郜渊涛

住址（酒店）：山西省太原市清徐县澜黎路 686 号友钊酒店（邮政编码：763471）。联系电话：50491085。电子邮箱：xbflo@rblktsjf.biz.cn

Zhù zhǐ: Gào Yuān Tāo Shānxī Shěng Tàiyuán Shì Qīng Xú Xiàn Lán Lí Lù 686 Hào Yǒu Zhāo Jiǔ Diàn (Yóuzhèng Biānmǎ：763471). Liánxì Diànhuà：50491085. Diànzǐ Yóuxiāng：xbflo@rblktsjf.biz.cn

Yuan Tao Gao, You Zhao Hotel, 686 Lan Li Road, Qingxu County, Taiyuan, Shanxi. Postal Code: 763471. Phone Number：50491085. E-mail：xbflo@rblktsjf.biz.cn

1073。姓名: 梅人珂

住址（公司）：山西省忻州市偏关县国其路 442 号乐学有限公司（邮政编码：680965）。联系电话：76691774。电子邮箱：luotr@aihfxebw.biz.cn

Zhù zhǐ: Méi Rén Kē Shānxī Shěng Xīnzhōu Shì Piān Guān Xiàn Guó Qí Lù 442 Hào Lè Xué Yǒuxiàn Gōngsī (Yóuzhèng Biānmǎ：680965). Liánxì Diànhuà：76691774. Diànzǐ Yóuxiāng：luotr@aihfxebw.biz.cn

Ren Ke Mei, Le Xue Corporation, 442 Guo Qi Road, Pianguan County, Xinzhou, Shanxi. Postal Code: 680965. Phone Number：76691774. E-mail：luotr@aihfxebw.biz.cn

1074。姓名: 哈来亮

住址（机场）：山西省长治市沁县黎福路 715 号长治院化国际机场（邮政编码：239474）。联系电话：22566436。电子邮箱：unedw@dharbgfq.airports.cn

Zhù zhǐ: Hǎ Lái Liàng Shānxī Shěng Chángzhì Shì Qìn Xiàn Lí Fú Lù 715 Hào Cángz Yuàn Huā Guó Jì Jī Chǎng (Yóuzhèng Biānmǎ：239474). Liánxì Diànhuà：22566436. Diànzǐ Yóuxiāng：unedw@dharbgfq.airports.cn

Lai Liang Ha, Changzhi Yuan Hua International Airport, 715 Li Fu Road, Qin County, Changzhi, Shanxi. Postal Code: 239474. Phone Number：22566436. E-mail：unedw@dharbgfq.airports.cn

1075。姓名: 羿食隆

住址（大学）：山西省运城市夏县继甫大学学己路 673 号（邮政编码：413134）。联系电话：38305508。电子邮箱：nievl@ygthksol.edu.cn

Zhù zhǐ: Yì Sì Lóng Shānxī Shěng Yùn Chéng Shì Xià Xiàn Jì Fǔ Dàxué Xué Jǐ Lù 673 Hào (Yóuzhèng Biānmǎ: 413134). Liánxì Diànhuà: 38305508. Diànzǐ Yóuxiāng: nievl@ygthksol.edu.cn

Si Long Yi, Ji Fu University, 673 Xue Ji Road, Xia County, Yuncheng, Shanxi. Postal Code: 413134. Phone Number: 38305508. E-mail: nievl@ygthksol.edu.cn

1076。姓名: 景启不

住址（广场）：山西省长治市平顺县际豪路863号禹禹广场（邮政编码：701466）。联系电话：86643208。电子邮箱：kraiw@hjuscfxb.squares.cn

Zhù zhǐ: Jǐng Qǐ Bù Shānxī Shěng Chángzhì Shì Píngshùn Xiàn Jì Háo Lù 863 Hào Yǔ Yǔ Guǎng Chǎng (Yóuzhèng Biānmǎ: 701466). Liánxì Diànhuà: 86643208. Diànzǐ Yóuxiāng: kraiw@hjuscfxb.squares.cn

Qi Bu Jing, Yu Yu Square, 863 Ji Hao Road, Pingshun County, Changzhi, Shanxi. Postal Code: 701466. Phone Number: 86643208. E-mail: kraiw@hjuscfxb.squares.cn

1077。姓名: 班石泽

住址（医院）：山西省阳泉市平定县绅克路540号领彬医院（邮政编码：634823）。联系电话：89226698。电子邮箱：tsrzg@gojudnim.health.cn

Zhù zhǐ: Bān Dàn Zé Shānxī Shěng Yángquán Shì Píngdìng Xiàn Shēn Kè Lù 540 Hào Lǐng Bīn Yī Yuàn (Yóuzhèng Biānmǎ: 634823). Liánxì Diànhuà: 89226698. Diànzǐ Yóuxiāng: tsrzg@gojudnim.health.cn

Dan Ze Ban, Ling Bin Hospital, 540 Shen Ke Road, Pingding County, Yangquan, Shanxi. Postal Code: 634823. Phone Number: 89226698. E-mail: tsrzg@gojudnim.health.cn

1078。姓名: 宁守焯

住址（火车站）：山西省朔州市朔城区居大路 503 号朔州站（邮政编码：282177）。联系电话：68018649。电子邮箱：rsnlb@vyofmesu.chr.cn

Zhù zhǐ: Nìng Shǒu Chāo Shānxī Shěng Shuò Zhōu Shì Shuò Chéngqū Jū Dà Lù 503 Hào uò Zōu Zhàn (Yóuzhèng Biānmǎ：282177). Liánxì Diànhuà：68018649. Diànzǐ Yóuxiāng：rsnlb@vyofmesu.chr.cn

Shou Chao Ning, Shuozhou Railway Station, 503 Ju Da Road, Shuocheng District, Shuozhou, Shanxi. Postal Code: 282177. Phone Number：68018649. E-mail：rsnlb@vyofmesu.chr.cn

1079。姓名: 湛全圣

住址（博物院）：山西省阳泉市矿区可世路 338 号阳泉博物馆（邮政编码：481448）。联系电话：89234472。电子邮箱：zapxw@cnupfzjd.museums.cn

Zhù zhǐ: Zhàn Quán Shèng Shānxī Shěng Yángquán Shì Kuàngqū Kě Shì Lù 338 Hào Yángquán Bó Wù Guǎn (Yóuzhèng Biānmǎ：481448). Liánxì Diànhuà：89234472. Diànzǐ Yóuxiāng：zapxw@cnupfzjd.museums.cn

Quan Sheng Zhan, Yangquan Museum, 338 Ke Shi Road, Mining Area, Yangquan, Shanxi. Postal Code: 481448. Phone Number：89234472. E-mail：zapxw@cnupfzjd.museums.cn

1080。姓名: 毕晗独

住址（广场）：山西省长治市黎城县铭近路 568 号人院广场（邮政编码：281937）。联系电话：94997751。电子邮箱：crkgo@jdxablpw.squares.cn

Zhù zhǐ: Bì Hán Dú Shānxī Shěng Chángzhì Shì Lí Chéng Xiàn Míng Jìn Lù 568 Hào Rén Yuàn Guǎng Chǎng (Yóuzhèng Biānmǎ：281937). Liánxì Diànhuà：94997751. Diànzǐ Yóuxiāng：crkgo@jdxablpw.squares.cn

Han Du Bi, Ren Yuan Square, 568 Ming Jin Road, Licheng County, Changzhi, Shanxi. Postal Code: 281937. Phone Number：94997751. E-mail：crkgo@jdxablpw.squares.cn

CHAPTER 2: NAME, SURNAME & ADDRESSES (31-60)

1081。姓名: 车迅斌

住址（博物院）：山西省阳泉市盂县甫游路 922 号阳泉博物馆（邮政编码：149848）。联系电话：21785742。电子邮箱：yaqub@sdkgezat.museums.cn

Zhù zhǐ: Chē Xùn Bīn Shānxī Shěng Yángquán Shì Yú Xiàn Fǔ Yóu Lù 922 Hào Yángquán Bó Wù Guǎn （Yóuzhèng Biānmǎ：149848). Liánxì Diànhuà：21785742. Diànzǐ Yóuxiāng：yaqub@sdkgezat.museums.cn

Xun Bin Che, Yangquan Museum, 922 Fu You Road, Yu County, Yangquan, Shanxi. Postal Code: 149848. Phone Number：21785742. E-mail：yaqub@sdkgezat.museums.cn

1082。姓名: 暨来淹

住址（博物院）：山西省朔州市应县稼智路 208 号朔州博物馆（邮政编码：329442）。联系电话：93127193。电子邮箱：rphds@jzqcmreh.museums.cn

Zhù zhǐ: Jì Lái Yān Shānxī Shěng Shuò Zhōu Shì Yìng Xiàn Jià Zhì Lù 208 Hào uò Zōu Bó Wù Guǎn （Yóuzhèng Biānmǎ：329442). Liánxì Diànhuà：93127193. Diànzǐ Yóuxiāng：rphds@jzqcmreh.museums.cn

Lai Yan Ji, Shuozhou Museum, 208 Jia Zhi Road, Ying County, Shuozhou, Shanxi. Postal Code: 329442. Phone Number：93127193. E-mail：rphds@jzqcmreh.museums.cn

1083。姓名: 呼延乙恩

住址（酒店）：山西省太原市晋源区毅冠路 587 号屹翰酒店（邮政编码：417710）。联系电话：68611952。电子邮箱：wlbje@oilmthsv.biz.cn

Zhù zhǐ: Hūyán Yǐ Ēn Shānxī Shěng Tàiyuán Shì Jìn Yuán Qū Yì Guàn Lù 587 Hào Yì Hàn Jiǔ Diàn （Yóuzhèng Biānmǎ：417710). Liánxì Diànhuà：68611952. Diànzǐ Yóuxiāng：wlbje@oilmthsv.biz.cn

Yi En Huyan, Yi Han Hotel, 587 Yi Guan Road, Jinyuan District, Taiyuan, Shanxi. Postal Code: 417710. Phone Number：68611952. E-mail：wlbje@oilmthsv.biz.cn

1084。姓名: 巩盛跃

住址（公园）：山西省长治市潞城区兆鹤路 947 号谢庆公园（邮政编码：829649）。联系电话：54321405。电子邮箱：epyxs@advchqjm.parks.cn

Zhù zhǐ: Gǒng Shèng Yuè Shānxī Shěng Chángzhì Shì Lù Chéngqū Zhào Hè Lù 947 Hào Xiè Qìng Gōng Yuán (Yóuzhèng Biānmǎ：829649). Liánxì Diànhuà：54321405. Diànzǐ Yóuxiāng：epyxs@advchqjm.parks.cn

Sheng Yue Gong, Xie Qing Park, 947 Zhao He Road, Lucheng District, Changzhi, Shanxi. Postal Code: 829649. Phone Number：54321405. E-mail：epyxs@advchqjm.parks.cn

1085。姓名: 翁坚民

住址（酒店）：山西省吕梁市文水县茂葛路 294 号发洵酒店（邮政编码：309930）。联系电话：88022227。电子邮箱：icnks@rbknxyli.biz.cn

Zhù zhǐ: Wēng Jiān Mín Shānxī Shěng Lǚliáng Shì Wén Shuǐ Xiàn Mào Gé Lù 294 Hào Fā Xún Jiǔ Diàn (Yóuzhèng Biānmǎ：309930). Liánxì Diànhuà：88022227. Diànzǐ Yóuxiāng：icnks@rbknxyli.biz.cn

Jian Min Weng, Fa Xun Hotel, 294 Mao Ge Road, Wenshui County, Luliang, Shanxi. Postal Code: 309930. Phone Number：88022227. E-mail：icnks@rbknxyli.biz.cn

1086。姓名: 嵇葛腾

住址（大学）：山西省吕梁市交口县亚稼大学恩水路 125 号（邮政编码：111784）。联系电话：42454509。电子邮箱：etnok@dcperznb.edu.cn

Zhù zhǐ: Jī Gé Téng Shānxī Shěng Lǚliáng Shì Jiāokǒu Xiàn Yà Jià DàxuéĒn Shuǐ Lù 125 Hào (Yóuzhèng Biānmǎ：111784). Liánxì Diànhuà：42454509. Diànzǐ Yóuxiāng：etnok@dcperznb.edu.cn

Ge Teng Ji, Ya Jia University, 125 En Shui Road, Jiaokou County, Luliang, Shanxi. Postal Code: 111784. Phone Number：42454509. E-mail：etnok@dcperznb.edu.cn

1087。姓名: 晋食辉

住址（家庭）：山西省运城市垣曲县鹤波路 215 号磊跃公寓 34 层 329 室（邮政编码：370781）。联系电话：50506166。电子邮箱：zohkj@gcjtkrqo.cn

Zhù zhǐ: Jìn Shí Huī Shānxī Shěng Yùn Chéng Shì Yuán Qū Xiàn Hè Bō Lù 215 Hào Lěi Yuè Gōng Yù 34 Céng 329 Shì (Yóuzhèng Biānmǎ：370781). Liánxì Diànhuà：50506166. Diànzǐ Yóuxiāng：zohkj@gcjtkrqo.cn

Shi Hui Jin, Room# 329, Floor# 34, Lei Yue Apartment, 215 He Bo Road, Yuanqu County, Yuncheng, Shanxi. Postal Code: 370781. Phone Number：50506166. E-mail：zohkj@gcjtkrqo.cn

1088。姓名: 古刚独

住址（公共汽车站）：山西省大同市云州区惟柱路 683 号辉翰站（邮政编码：137723）。联系电话：61521204。电子邮箱：gvkbo@uiaogeqk.transport.cn

Zhù zhǐ: Gǔ Gāng Dú Shānxī Shěng Dàtóng Shì Yún Zhōu Qū Wéi Zhù Lù 683 Hào Huī Hàn Zhàn (Yóuzhèng Biānmǎ：137723). Liánxì Diànhuà：61521204. Diànzǐ Yóuxiāng：gvkbo@uiaogeqk.transport.cn

Gang Du Gu, Hui Han Bus Station, 683 Wei Zhu Road, Yunzhou District, Datong, Shanxi. Postal Code: 137723. Phone Number：61521204. E-mail：gvkbo@uiaogeqk.transport.cn

1089。姓名: 公羊跃甫

住址（公司）：山西省朔州市山阴县尚骥路 285 号强腾有限公司（邮政编码：769642）。联系电话：18908678。电子邮箱：hbird@dioqzjpu.biz.cn

Zhù zhǐ: Gōngyáng Yuè Fǔ Shānxī Shěng Shuò Zhōu Shì Shān Yīn Xiàn Shàng Jì Lù 285 Hào Qiáng Téng Yǒuxiàn Gōngsī (Yóuzhèng Biānmǎ：769642). Liánxì Diànhuà：18908678. Diànzǐ Yóuxiāng：hbird@dioqzjpu.biz.cn

Yue Fu Gongyang, Qiang Teng Corporation, 285 Shang Ji Road, Sanyin County, Shuozhou, Shanxi. Postal Code: 769642. Phone Number：18908678. E-mail：hbird@dioqzjpu.biz.cn

1090。姓名: 蓬懂焯

住址（寺庙）：山西省阳泉市城区豪独路478号宝祥寺（邮政编码：475250）。联系电话：68407780。电子邮箱：ydebx@opadjbtx.god.cn

Zhù zhǐ: Péng Dǒng Chāo Shānxī Shěng Yángquán Shì Chéngqū Háo Dú Lù 478 Hào Bǎo Xiáng Sì (Yóuzhèng Biānmǎ：475250). Liánxì Diànhuà：68407780. Diànzǐ Yóuxiāng：ydebx@opadjbtx.god.cn

Dong Chao Peng, Bao Xiang Temple, 478 Hao Du Road, Urban Area, Yangquan, Shanxi. Postal Code: 475250. Phone Number：68407780. E-mail：ydebx@opadjbtx.god.cn

1091。姓名: 司寇中歧

住址（博物院）：山西省朔州市右玉县泽国路652号朔州博物馆（邮政编码：129584）。联系电话：64842929。电子邮箱：ysdal@glrzcwjn.museums.cn

Zhù zhǐ: Sīkòu Zhòng Qí Shānxī Shěng Shuò Zhōu Shì Yòu Yù Xiàn Zé Guó Lù 652 Hào uò Zōu Bó Wù Guǎn (Yóuzhèng Biānmǎ：129584). Liánxì Diànhuà：64842929. Diànzǐ Yóuxiāng：ysdal@glrzcwjn.museums.cn

Zhong Qi Sikou, Shuozhou Museum, 652 Ze Guo Road, Youyu County, Shuozhou, Shanxi. Postal Code: 129584. Phone Number：64842929. E-mail：ysdal@glrzcwjn.museums.cn

1092。姓名: 杨学钢

住址（湖泊）：山西省太原市万柏林区星刚路 111 号轼冕湖（邮政编码：169739）。联系电话：46771424。电子邮箱：tlyog@vopiautf.lakes.cn

Zhù zhǐ: Yáng Xué Gāng Shānxī Shěng Tàiyuán Shì Wàn Bólín Qū Xīng Gāng Lù 111 Hào Shì Miǎn Hú (Yóuzhèng Biānmǎ： 169739). Liánxì Diànhuà： 46771424. Diànzǐ Yóuxiāng： tlyog@vopiautf.lakes.cn

Xue Gang Yang, Shi Mian Lake, 111 Xing Gang Road, Wan Bolin District, Taiyuan, Shanxi. Postal Code: 169739. Phone Number： 46771424. E-mail： tlyog@vopiautf.lakes.cn

1093。姓名：廖陆铁

住址（广场）：山西省朔州市山阴县禹臻路 683 号熔员广场（邮政编码：509920）。联系电话：91348612。电子邮箱：wohry@krvsmxbg.squares.cn

Zhù zhǐ: Liào Lù Fū Shānxī Shěng Shuò Zhōu Shì Shān Yīn Xiàn Yǔ Zhēn Lù 683 Hào Róng Yuán Guǎng Chǎng (Yóuzhèng Biānmǎ： 509920). Liánxì Diànhuà： 91348612. Diànzǐ Yóuxiāng： wohry@krvsmxbg.squares.cn

Lu Fu Liao, Rong Yuan Square, 683 Yu Zhen Road, Sanyin County, Shuozhou, Shanxi. Postal Code: 509920. Phone Number： 91348612. E-mail： wohry@krvsmxbg.squares.cn

1094。姓名：巫熔可

住址（博物院）：山西省朔州市右玉县翰鸣路 664 号朔州博物馆（邮政编码：981524）。联系电话：88112706。电子邮箱：bctvk@ohrmfnkj.museums.cn

Zhù zhǐ: Wū Róng Kě Shānxī Shěng Shuò Zhōu Shì Yòu Yù Xiàn Hàn Míng Lù 664 Hào uò Zōu Bó Wù Guǎn (Yóuzhèng Biānmǎ： 981524). Liánxì Diànhuà： 88112706. Diànzǐ Yóuxiāng： bctvk@ohrmfnkj.museums.cn

Rong Ke Wu, Shuozhou Museum, 664 Han Ming Road, Youyu County, Shuozhou, Shanxi. Postal Code: 981524. Phone Number： 88112706. E-mail： bctvk@ohrmfnkj.museums.cn

1095。姓名: 缑德进

住址（医院）：山西省太原市古交市黎焯路 449 号民大医院（邮政编码：979677）。联系电话：22129478。电子邮箱：lysud@hjsinmec.health.cn

Zhù zhǐ: Gōu Dé Jìn Shānxī Shěng Tàiyuán Shì Gǔ Jiāo Shì Lí Zhuō Lù 449 Hào Mín Dà Yī Yuàn （Yóuzhèng Biānmǎ：979677). Liánxì Diànhuà：22129478. Diànzǐ Yóuxiāng：lysud@hjsinmec.health.cn

De Jin Gou, Min Da Hospital, 449 Li Zhuo Road, Gujiao City, Taiyuan, Shanxi. Postal Code: 979677. Phone Number：22129478. E-mail：lysud@hjsinmec.health.cn

1096。姓名: 雍葛铁

住址（家庭）：山西省忻州市岢岚县游腾路 995 号全居公寓 7 层 272 室（邮政编码：465410）。联系电话：58318369。电子邮箱：pcnhr@xzbgvfot.cn

Zhù zhǐ: Yōng Gé Fū Shānxī Shěng Xīnzhōu Shì Kě Lán Xiàn Yóu Téng Lù 995 Hào Quán Jū Gōng Yù 7 Céng 272 Shì (Yóuzhèng Biānmǎ：465410). Liánxì Diànhuà：58318369. Diànzǐ Yóuxiāng：pcnhr@xzbgvfot.cn

Ge Fu Yong, Room# 272, Floor# 7, Quan Ju Apartment, 995 You Teng Road, Kelan County, Xinzhou, Shanxi. Postal Code: 465410. Phone Number：58318369. E-mail：pcnhr@xzbgvfot.cn

1097。姓名: 穀梁陆洵

住址（酒店）：山西省运城市万荣县陆禹路 442 号歧葛酒店（邮政编码：462602）。联系电话：98102247。电子邮箱：wsghm@phwexoug.biz.cn

Zhù zhǐ: Gǔliáng Liù Xún Shānxī Shěng Yùn Chéng Shì Wàn Róngxiàn Liù Yǔ Lù 442 Hào Qí Gé Jiǔ Diàn (Yóuzhèng Biānmǎ：462602). Liánxì Diànhuà：98102247. Diànzǐ Yóuxiāng：wsghm@phwexoug.biz.cn

Liu Xun Guliang, Qi Ge Hotel, 442 Liu Yu Road, Wanrong County, Yuncheng, Shanxi. Postal Code: 462602. Phone Number：98102247. E-mail：wsghm@phwexoug.biz.cn

1098。姓名: 乜恩锤

住址（湖泊）：山西省太原市古交市轼宽路 366 号维茂湖（邮政编码：632568）。联系电话：40238206。电子邮箱：lsnxh@txiwpodm.lakes.cn

Zhù zhǐ: Niè Ēn Chuí Shānxī Shěng Tàiyuán Shì Gǔ Jiāo Shì Shì Kuān Lù 366 Hào Wéi Mào Hú (Yóuzhèng Biānmǎ：632568). Liánxì Diànhuà：40238206. Diànzǐ Yóuxiāng：lsnxh@txiwpodm.lakes.cn

En Chui Nie, Wei Mao Lake, 366 Shi Kuan Road, Gujiao City, Taiyuan, Shanxi. Postal Code: 632568. Phone Number：40238206. E-mail：lsnxh@txiwpodm.lakes.cn

1099。姓名: 秦晖铁

住址（机场）：山西省运城市夏县冠智路 769 号运城世刚国际机场（邮政编码：230464）。联系电话：92601538。电子邮箱：gqwcp@dizuayre.airports.cn

Zhù zhǐ: Qín Huī Tiě Shānxī Shěng Yùn Chéng Shì Xià Xiàn Guàn Zhì Lù 769 Hào Yùn Céng Shì Gāng Guó Jì Jī Chǎng (Yóuzhèng Biānmǎ：230464). Liánxì Diànhuà：92601538. Diànzǐ Yóuxiāng：gqwcp@dizuayre.airports.cn

Hui Tie Qin, Yuncheng Shi Gang International Airport, 769 Guan Zhi Road, Xia County, Yuncheng, Shanxi. Postal Code: 230464. Phone Number：92601538. E-mail：gqwcp@dizuayre.airports.cn

1100。姓名:边化泽

住址（酒店）：山西省晋中市榆社县际食路 551 号隆辙酒店（邮政编码：910890）。联系电话：59901071。电子邮箱：xcvrk@brwlmuto.biz.cn

Zhù zhǐ: Biān Huā Zé Shānxī Shěng Jìn Zhōng Shì Yú Shè Xiàn Jì Sì Lù 551 Hào Lóng Zhé Jiǔ Diàn (Yóuzhèng Biānmǎ：910890). Liánxì Diànhuà：59901071. Diànzǐ Yóuxiāng：xcvrk@brwlmuto.biz.cn

Hua Ze Bian, Long Zhe Hotel, 551 Ji Si Road, Yushe County, Jinzhong, Shanxi. Postal Code: 910890. Phone Number：59901071. E-mail：xcvrk@brwlmuto.biz.cn

1101。姓名: 厉绅炯

住址（家庭）：山西省吕梁市柳林县化世路993号炯嘉公寓50层469室（邮政编码：383612）。联系电话：93672612。电子邮箱：fmlkn@qycrwuak.cn

Zhù zhǐ: Lì Shēn Jiǒng Shānxī Shěng Lǚliáng Shì Liǔ Lín Xiàn Huà Shì Lù 993 Hào Jiǒng Jiā Gōng Yù 50 Céng 469 Shì (Yóuzhèng Biānmǎ：383612). Liánxì Diànhuà：93672612. Diànzǐ Yóuxiāng：fmlkn@qycrwuak.cn

Shen Jiong Li, Room# 469, Floor# 50, Jiong Jia Apartment, 993 Hua Shi Road, Liulin County, Luliang, Shanxi. Postal Code: 383612. Phone Number：93672612. E-mail：fmlkn@qycrwuak.cn

1102。姓名: 滑翰翼

住址（公园）：山西省晋中市寿阳县强维路588号谢金公园（邮政编码：297262）。联系电话：64495688。电子邮箱：orfvy@aujqfyzc.parks.cn

Zhù zhǐ: Huá Hàn Yì Shānxī Shěng Jìn Zhōng Shì Shòu Yáng Xiàn Qiǎng Wéi Lù 588 Hào Xiè Jīn Gōng Yuán (Yóuzhèng Biānmǎ：297262). Liánxì Diànhuà：64495688. Diànzǐ Yóuxiāng：orfvy@aujqfyzc.parks.cn

Han Yi Hua, Xie Jin Park, 588 Qiang Wei Road, Shouyang County, Jinzhong, Shanxi. Postal Code: 297262. Phone Number：64495688. E-mail：orfvy@aujqfyzc.parks.cn

1103。姓名: 阴队食

住址（酒店）：山西省朔州市平鲁区锡珏路666号近队酒店（邮政编码：666314）。联系电话：87194788。电子邮箱：agtym@pjxvkaly.biz.cn

Zhù zhǐ: Yīn Duì Shí Shānxī Shěng Shuò Zhōu Shì Píng Lǔ Qū Xī Jué Lù 666 Hào Jìn Duì Jiǔ Diàn (Yóuzhèng Biānmǎ：666314). Liánxì Diànhuà：87194788. Diànzǐ Yóuxiāng：agtym@pjxvkaly.biz.cn

Dui Shi Yin, Jin Dui Hotel, 666 Xi Jue Road, Pinglu District, Shuozhou, Shanxi. Postal Code: 666314. Phone Number：87194788. E-mail：agtym@pjxvkaly.biz.cn

1104。姓名: 慕食土

住址（酒店）：山西省长治市沁源县锤钊路630号柱智酒店（邮政编码：265601）。联系电话：30779939。电子邮箱：wmuve@pjbxarms.biz.cn

Zhù zhǐ: Mù Sì Tǔ Shānxī Shěng Chángzhì Shì Qìn Yuán Xiàn Chuí Zhāo Lù 630 Hào Zhù Zhì Jiǔ Diàn (Yóuzhèng Biānmǎ：265601). Liánxì Diànhuà：30779939. Diànzǐ Yóuxiāng：wmuve@pjbxarms.biz.cn

Si Tu Mu, Zhu Zhi Hotel, 630 Chui Zhao Road, Qinyuan County, Changzhi, Shanxi. Postal Code: 265601. Phone Number：30779939. E-mail：wmuve@pjbxarms.biz.cn

1105。姓名: 晏独维

住址（广场）：山西省长治市襄垣县王惟路307号绅仲广场（邮政编码：551620）。联系电话：29582508。电子邮箱：ihymg@jvlapbot.squares.cn

Zhù zhǐ: Yàn Dú Wéi Shānxī Shěng Chángzhì Shì Xiāngyuán Xiàn Wàng Wéi Lù 307 Hào Shēn Zhòng Guǎng Chǎng (Yóuzhèng Biānmǎ：551620). Liánxì Diànhuà：29582508. Diànzǐ Yóuxiāng：ihymg@jvlapbot.squares.cn

Du Wei Yan, Shen Zhong Square, 307 Wang Wei Road, Xiangyuan County, Changzhi, Shanxi. Postal Code: 551620. Phone Number：29582508. E-mail：ihymg@jvlapbot.squares.cn

1106。姓名: 万俟柱辙

住址（公司）：山西省晋中市榆次区黎德路 556 号己彬有限公司（邮政编码：661448）。联系电话：84347779。电子邮箱：pmyqn@bixefzvr.biz.cn

Zhù zhǐ: Mòqí Zhù Zhé Shānxī Shěng Jìn Zhōng Shì Yú Cì Qū Lí Dé Lù 556 Hào Jǐ Bīn Yǒuxiàn Gōngsī (Yóuzhèng Biānmǎ：661448). Liánxì Diànhuà：84347779. Diànzǐ Yóuxiāng：pmyqn@bixefzvr.biz.cn

Zhu Zhe Moqi, Ji Bin Corporation, 556 Li De Road, Yuci District, Jinzhong, Shanxi. Postal Code: 661448. Phone Number：84347779. E-mail：pmyqn@bixefzvr.biz.cn

1107。姓名: 丰陆晗

住址（机场）：山西省朔州市怀仁市超盛路 682 号朔州南智国际机场（邮政编码：465825）。联系电话：47959253。电子邮箱：bniwr@wvcqdshx.airports.cn

Zhù zhǐ: Fēng Liù Hán Shānxī Shěng Shuò Zhōu Shì Huái Rén Shì Chāo Shèng Lù 682 Hào uò Zōu Nán Zhì Guó Jì Jī Chǎng (Yóuzhèng Biānmǎ：465825). Liánxì Diànhuà：47959253. Diànzǐ Yóuxiāng：bniwr@wvcqdshx.airports.cn

Liu Han Feng, Shuozhou Nan Zhi International Airport, 682 Chao Sheng Road, Huairen City, Shuozhou, Shanxi. Postal Code: 465825. Phone Number：47959253. E-mail：bniwr@wvcqdshx.airports.cn

1108。姓名: 哈原学

住址（火车站）：山西省阳泉市盂县熔鹤路 851 号阳泉站（邮政编码：230463）。联系电话：45998249。电子邮箱：tpkus@yuwvegjn.chr.cn

Zhù zhǐ: Hǎ Yuán Xué Shānxī Shěng Yángquán Shì Yú Xiàn Róng Hè Lù 851 Hào Yángquán Zhàn (Yóuzhèng Biānmǎ：230463). Liánxì Diànhuà：45998249. Diànzǐ Yóuxiāng：tpkus@yuwvegjn.chr.cn

Yuan Xue Ha, Yangquan Railway Station, 851 Rong He Road, Yu County, Yangquan, Shanxi. Postal Code: 230463. Phone Number：45998249. E-mail：tpkus@yuwvegjn.chr.cn

1109。姓名: 索阳红

住址（湖泊）：山西省阳泉市平定县维员路 546 号尚福湖（邮政编码：562275）。联系电话：64531357。电子邮箱：aueqm@dxwvyqga.lakes.cn

Zhù zhǐ: Suǒ Yáng Hóng Shānxī Shěng Yángquán Shì Píngdìng Xiàn Wéi Yún Lù 546 Hào Shàng Fú Hú (Yóuzhèng Biānmǎ：562275). Liánxì Diànhuà：64531357. Diànzǐ Yóuxiāng：aueqm@dxwvyqga.lakes.cn

Yang Hong Suo, Shang Fu Lake, 546 Wei Yun Road, Pingding County, Yangquan, Shanxi. Postal Code: 562275. Phone Number：64531357. E-mail：aueqm@dxwvyqga.lakes.cn

1110。姓名: 支来懂

住址（公司）：山西省阳泉市盂县人秀路 702 号淹歧有限公司（邮政编码：942058）。联系电话：26131852。电子邮箱：fcivl@yqlzsudv.biz.cn

Zhù zhǐ: Zhī Lái Dǒng Shānxī Shěng Yángquán Shì Yú Xiàn Rén Xiù Lù 702 Hào Yān Qí Yǒuxiàn Gōngsī (Yóuzhèng Biānmǎ：942058). Liánxì Diànhuà：26131852. Diànzǐ Yóuxiāng：fcivl@yqlzsudv.biz.cn

Lai Dong Zhi, Yan Qi Corporation, 702 Ren Xiu Road, Yu County, Yangquan, Shanxi. Postal Code: 942058. Phone Number：26131852. E-mail：fcivl@yqlzsudv.biz.cn

CHAPTER 3: NAME, SURNAME & ADDRESSES (61-90)

1111。姓名: 边成员

住址（博物院）：山西省太原市阳曲县员轶路 573 号太原博物馆（邮政编码：346352）。联系电话：25144688。电子邮箱：etvjb@urzljbkv.museums.cn

Zhù zhǐ: Biān Chéng Yuán Shānxī Shěng Tàiyuán Shì Yáng Qū Xiàn Yún Yì Lù 573 Hào Tàiyuán Bó Wù Guǎn (Yóuzhèng Biānmǎ：346352). Liánxì Diànhuà：25144688. Diànzǐ Yóuxiāng：etvjb@urzljbkv.museums.cn

Cheng Yuan Bian, Taiyuan Museum, 573 Yun Yi Road, Yangqu County, Taiyuan, Shanxi. Postal Code: 346352. Phone Number：25144688. E-mail：etvjb@urzljbkv.museums.cn

1112。姓名: 项泽乙

住址（酒店）：山西省晋城市高平市阳启路 328 号陶食酒店（邮政编码：396914）。联系电话：60534807。电子邮箱：aywvg@fenoszlc.biz.cn

Zhù zhǐ: Xiàng Zé Yǐ Shānxī Shěng Jìnchéng Shì Gāopíng Shì Yáng Qǐ Lù 328 Hào Táo Shí Jiǔ Diàn (Yóuzhèng Biānmǎ：396914). Liánxì Diànhuà：60534807. Diànzǐ Yóuxiāng：aywvg@fenoszlc.biz.cn

Ze Yi Xiang, Tao Shi Hotel, 328 Yang Qi Road, Gaoping City, Jincheng, Shanxi. Postal Code: 396914. Phone Number：60534807. E-mail：aywvg@fenoszlc.biz.cn

1113。姓名: 左丘科际

住址（火车站）：山西省运城市稷山县坡威路 416 号运城站（邮政编码：733490）。联系电话：46499714。电子邮箱：urjio@trekmzql.chr.cn

Zhù zhǐ: Zuǒqiū Kē Jì Shānxī Shěng Yùn Chéng Shì Jì Shān Xiàn Pō Wēi Lù 416 Hào Yùn Céng Zhàn (Yóuzhèng Biānmǎ：733490). Liánxì Diànhuà：46499714. Diànzǐ Yóuxiāng：urjio@trekmzql.chr.cn

Ke Ji Zuoqiu, Yuncheng Railway Station, 416 Po Wei Road, Jishan County, Yuncheng, Shanxi. Postal Code: 733490. Phone Number：46499714. E-mail：urjio@trekmzql.chr.cn

1114。姓名: 丰阳白

住址（湖泊）：山西省运城市河津市歧兆路 114 号智己湖（邮政编码：640137）。联系电话：64806036。电子邮箱：egcak@vfowizrj.lakes.cn

Zhù zhǐ: Fēng Yáng Bái Shānxī Shěng Yùn Chéng Shì Héjīn Shì Qí Zhào Lù 114 Hào Zhì Jǐ Hú (Yóuzhèng Biānmǎ：640137). Liánxì Diànhuà：64806036. Diànzǐ Yóuxiāng：egcak@vfowizrj.lakes.cn

Yang Bai Feng, Zhi Ji Lake, 114 Qi Zhao Road, Hejin City, Yuncheng, Shanxi. Postal Code: 640137. Phone Number：64806036. E-mail：egcak@vfowizrj.lakes.cn

1115。姓名: 游其黎

住址（公共汽车站）：山西省忻州市河曲县强骥路 563 号中铁站（邮政编码：614601）。联系电话：35576963。电子邮箱：hizem@flqdetow.transport.cn

Zhù zhǐ: Yóu Qí Lí Shānxī Shěng Xīnzhōu Shì Héqū Xiàn Qiǎng Jì Lù 563 Hào Zhōng Fū Zhàn (Yóuzhèng Biānmǎ：614601). Liánxì Diànhuà：35576963. Diànzǐ Yóuxiāng：hizem@flqdetow.transport.cn

Qi Li You, Zhong Fu Bus Station, 563 Qiang Ji Road, Hequ County, Xinzhou, Shanxi. Postal Code: 614601. Phone Number：35576963. E-mail：hizem@flqdetow.transport.cn

1116。姓名: 嵇游译

住址（火车站）：山西省晋城市阳城县沛兵路 112 号晋城站（邮政编码：928074）。联系电话：13773296。电子邮箱：jlqhw@cvmkxgit.chr.cn

Zhù zhǐ: Jī Yóu Yì Shānxī Shěng Jìnchéng Shì Yáng Chéng Xiàn Pèi Bīng Lù 112 Hào Jncéng Zhàn (Yóuzhèng Biānmǎ：928074). Liánxì Diànhuà：13773296. Diànzǐ Yóuxiāng：jlqhw@cvmkxgit.chr.cn

You Yi Ji, Jincheng Railway Station, 112 Pei Bing Road, Yangcheng County, Jincheng, Shanxi. Postal Code: 928074. Phone Number：13773296. E-mail：jlqhw@cvmkxgit.chr.cn

1117。姓名: 郁毅臻

住址（寺庙）：山西省朔州市山阴县智伦路 828 号游维寺（邮政编码：709490）。联系电话：68036419。电子邮箱：ymxoq@grdeibak.god.cn

Zhù zhǐ: Yù Yì Zhēn Shānxī Shěng Shuò Zhōu Shì Shān Yīn Xiàn Zhì Lún Lù 828 Hào Yóu Wéi Sì (Yóuzhèng Biānmǎ：709490). Liánxì Diànhuà：68036419. Diànzǐ Yóuxiāng：ymxoq@grdeibak.god.cn

Yi Zhen Yu, You Wei Temple, 828 Zhi Lun Road, Sanyin County, Shuozhou, Shanxi. Postal Code: 709490. Phone Number：68036419. E-mail：ymxoq@grdeibak.god.cn

1118。姓名: 昌盛禹

住址（机场）：山西省太原市尖草坪区大金路 431 号太原来宝国际机场（邮政编码：372735）。联系电话：12620353。电子邮箱：ewurv@xpciqrav.airports.cn

Zhù zhǐ: Chāng Chéng Yǔ Shānxī Shěng Tàiyuán Shì Jiān Cǎopíng Qū Dài Jīn Lù 431 Hào Tàiyuán Lái Bǎo Guó Jì Jī Chǎng (Yóuzhèng Biānmǎ：372735). Liánxì Diànhuà：12620353. Diànzǐ Yóuxiāng：ewurv@xpciqrav.airports.cn

Cheng Yu Chang, Taiyuan Lai Bao International Airport, 431 Dai Jin Road, Jiancaoping District, Taiyuan, Shanxi. Postal Code: 372735. Phone Number：12620353. E-mail：ewurv@xpciqrav.airports.cn

1119。姓名: 於勇乙

住址（寺庙）：山西省大同市云州区土钦路 619 号柱顺寺（邮政编码：116353）。联系电话：86353745。电子邮箱：pxoba@devzigwl.god.cn

Zhù zhǐ: Yū Yǒng Yǐ Shānxī Shěng Dàtóng Shì Yún Zhōu Qū Tǔ Qīn Lù 619 Hào Zhù Shùn Sì (Yóuzhèng Biānmǎ：116353). Liánxì Diànhuà：86353745. Diànzǐ Yóuxiāng：pxoba@devzigwl.god.cn

Yong Yi Yu, Zhu Shun Temple, 619 Tu Qin Road, Yunzhou District, Datong, Shanxi. Postal Code: 116353. Phone Number：86353745. E-mail：pxoba@devzigwl.god.cn

1120。姓名:干晖陆

住址（大学）：山西省大同市云冈区乐食大学原翰路 302 号（邮政编码：586427）。联系电话：81295816。电子邮箱：xqlwo@iroduylc.edu.cn

Zhù zhǐ: Gān Huī Lù Shānxī Shěng Dàtóng Shì Yún Gāng Qū Lè Yì DàxuéYuán Hàn Lù 302 Hào (Yóuzhèng Biānmǎ：586427). Liánxì Diànhuà：81295816. Diànzǐ Yóuxiāng：xqlwo@iroduylc.edu.cn

Hui Lu Gan, Le Yi University, 302 Yuan Han Road, Yungang District, Datong, Shanxi. Postal Code: 586427. Phone Number：81295816. E-mail：xqlwo@iroduylc.edu.cn

1121。姓名:汤迅学

住址（博物院）：山西省阳泉市盂县伦磊路 337 号阳泉博物馆（邮政编码：160196）。联系电话：67373020。电子邮箱：xracl@nzydbwgt.museums.cn

Zhù zhǐ: Tāng Xùn Xué Shānxī Shěng Yángquán Shì Yú Xiàn Lún Lěi Lù 337 Hào Yángquán Bó Wù Guǎn (Yóuzhèng Biānmǎ：160196). Liánxì Diànhuà：67373020. Diànzǐ Yóuxiāng：xracl@nzydbwgt.museums.cn

Xun Xue Tang, Yangquan Museum, 337 Lun Lei Road, Yu County, Yangquan, Shanxi. Postal Code: 160196. Phone Number：67373020. E-mail：xracl@nzydbwgt.museums.cn

1122。姓名: 姚珂国

住址（医院）：山西省阳泉市盂县锡大路 908 号乙盛医院（邮政编码：147524）。联系电话：25222688。电子邮箱：vexth@vakluehf.health.cn

Zhù zhǐ: Yáo Kē Guó Shānxī Shěng Yángquán Shì Yú Xiàn Xī Dà Lù 908 Hào Yǐ Shèng Yī Yuàn （Yóuzhèng Biānmǎ：147524). Liánxì Diànhuà：25222688. Diànzǐ Yóuxiāng：vexth@vakluehf.health.cn

Ke Guo Yao, Yi Sheng Hospital, 908 Xi Da Road, Yu County, Yangquan, Shanxi. Postal Code: 147524. Phone Number：25222688. E-mail：vexth@vakluehf.health.cn

1123。姓名: 闵沛稼

住址（公园）：山西省大同市云州区土威路 390 号立山公园（邮政编码：716773）。联系电话：63873522。电子邮箱：yjgdl@oudjxrkf.parks.cn

Zhù zhǐ: Mǐn Pèi Jià Shānxī Shěng Dàtóng Shì Yún Zhōu Qū Tǔ Wēi Lù 390 Hào Lì Shān Gōng Yuán （Yóuzhèng Biānmǎ：716773). Liánxì Diànhuà：63873522. Diànzǐ Yóuxiāng：yjgdl@oudjxrkf.parks.cn

Pei Jia Min, Li Shan Park, 390 Tu Wei Road, Yunzhou District, Datong, Shanxi. Postal Code: 716773. Phone Number：63873522. E-mail：yjgdl@oudjxrkf.parks.cn

1124。姓名: 傅食涛

住址（公共汽车站）：山西省晋城市泽州县民珂路 497 号计斌站（邮政编码：794533）。联系电话：26503900。电子邮箱：hyiuf@eqlkhjwy.transport.cn

Zhù zhǐ: Fù Shí Tāo Shānxī Shěng Jìnchéng Shì Zé Zhōu Xiàn Mín Kē Lù 497 Hào Jì Bīn Zhàn （Yóuzhèng Biānmǎ：794533). Liánxì Diànhuà：26503900. Diànzǐ Yóuxiāng：hyiuf@eqlkhjwy.transport.cn

Shi Tao Fu, Ji Bin Bus Station, 497 Min Ke Road, Zezhou County, Jincheng, Shanxi. Postal Code: 794533. Phone Number： 26503900. E-mail：hyiuf@eqlkhjwy.transport.cn

1125。姓名: 荀鸣盛

住址（大学）：山西省吕梁市交口县郁钢大学民岐路 309 号（邮政编码：820923）。联系电话：16824446。电子邮箱：zxnvc@dmlyeugp.edu.cn

Zhù zhǐ: Xún Míng Chéng Shānxī Shěng Lǚliáng Shì Jiāokǒu Xiàn Yù Gāng DàxuéMín Qí Lù 309 Hào (Yóuzhèng Biānmǎ： 820923). Liánxì Diànhuà： 16824446. Diànzǐ Yóuxiāng：zxnvc@dmlyeugp.edu.cn

Ming Cheng Xun, Yu Gang University, 309 Min Qi Road, Jiaokou County, Luliang, Shanxi. Postal Code: 820923. Phone Number： 16824446. E-mail：zxnvc@dmlyeugp.edu.cn

1126。姓名: 宰父星继

住址（湖泊）：山西省忻州市岢岚县不大路 259 号顺珏湖（邮政编码：298420）。联系电话：86362062。电子邮箱：qnusj@onmxaugv.lakes.cn

Zhù zhǐ: Zǎifǔ Xīng Jì Shānxī Shěng Xīnzhōu Shì Kě Lán Xiàn Bù Dài Lù 259 Hào Shùn Jué Hú (Yóuzhèng Biānmǎ： 298420). Liánxì Diànhuà： 86362062. Diànzǐ Yóuxiāng：qnusj@onmxaugv.lakes.cn

Xing Ji Zaifu, Shun Jue Lake, 259 Bu Dai Road, Kelan County, Xinzhou, Shanxi. Postal Code: 298420. Phone Number： 86362062. E-mail：qnusj@onmxaugv.lakes.cn

1127。姓名: 须秀轼

住址（酒店）：山西省运城市临猗县居己路 850 号茂守酒店（邮政编码：856413）。联系电话：96875879。电子邮箱：sdpxb@tewvxapj.biz.cn

Zhù zhǐ: Xū Xiù Shì Shānxī Shěng Yùn Chéng Shì Lín Yī Xiàn Jū Jǐ Lù 850 Hào Mào Shǒu Jiǔ Diàn (Yóuzhèng Biānmǎ：856413). Liánxì Diànhuà：96875879. Diànzǐ Yóuxiāng：sdpxb@tewvxapj.biz.cn

Xiu Shi Xu, Mao Shou Hotel, 850 Ju Ji Road, Linyi County, Yuncheng, Shanxi. Postal Code: 856413. Phone Number：96875879. E-mail：sdpxb@tewvxapj.biz.cn

1128。姓名: 巩嘉大

住址（公共汽车站）：山西省大同市云冈区化祥路 209 号宝食站（邮政编码：235094）。联系电话：49618966。电子邮箱：lzwog@xosiyhqc.transport.cn

Zhù zhǐ: Gǒng Jiā Dà Shānxī Shěng Dàtóng Shì Yún Gāng Qū Huā Xiáng Lù 209 Hào Bǎo Yì Zhàn (Yóuzhèng Biānmǎ：235094). Liánxì Diànhuà：49618966. Diànzǐ Yóuxiāng：lzwog@xosiyhqc.transport.cn

Jia Da Gong, Bao Yi Bus Station, 209 Hua Xiang Road, Yungang District, Datong, Shanxi. Postal Code: 235094. Phone Number：49618966. E-mail：lzwog@xosiyhqc.transport.cn

1129。姓名: 广智茂

住址（医院）：山西省晋城市沁水县臻食路 776 号珂陆医院（邮政编码：998904）。联系电话：34465674。电子邮箱：pedlt@psqueiyj.health.cn

Zhù zhǐ: Guǎng Zhì Mào Shānxī Shěng Jìnchéng Shì Qìn Shuǐ Xiàn Zhēn Shí Lù 776 Hào Kē Lù Yī Yuàn (Yóuzhèng Biānmǎ：998904). Liánxì Diànhuà：34465674. Diànzǐ Yóuxiāng：pedlt@psqueiyj.health.cn

Zhi Mao Guang, Ke Lu Hospital, 776 Zhen Shi Road, Qinshui County, Jincheng, Shanxi. Postal Code: 998904. Phone Number：34465674. E-mail：pedlt@psqueiyj.health.cn

1130。姓名: 唐腾兵

住址（医院）：山西省阳泉市城区大岐路 726 号澜维医院（邮政编码：809899）。联系电话：26447260。电子邮箱：dpimy@tboyimef.health.cn

Zhù zhǐ: Táng Téng Bīng Shānxī Shěng Yángquán Shì Chéngqū Dài Qí Lù 726 Hào Lán Wéi Yī Yuàn （Yóuzhèng Biānmǎ：809899). Liánxì Diànhuà：26447260. Diànzǐ Yóuxiāng：dpimy@tboyimef.health.cn

Teng Bing Tang, Lan Wei Hospital, 726 Dai Qi Road, Urban Area, Yangquan, Shanxi. Postal Code: 809899. Phone Number：26447260. E-mail：dpimy@tboyimef.health.cn

1131。姓名：孟洵石

住址（公园）：山西省长治市潞州区跃领路 177 号焯晖公园（邮政编码：827344）。联系电话：47704116。电子邮箱：ycmxn@slhndmtj.parks.cn

Zhù zhǐ: Mèng Xún Shí Shānxī Shěng Chángzhì Shì Lù Zhōu Qū Yuè Lǐng Lù 177 Hào Zhuō Huī Gōng Yuán （Yóuzhèng Biānmǎ：827344). Liánxì Diànhuà：47704116. Diànzǐ Yóuxiāng：ycmxn@slhndmtj.parks.cn

Xun Shi Meng, Zhuo Hui Park, 177 Yue Ling Road, Luzhou District, Changzhi, Shanxi. Postal Code: 827344. Phone Number：47704116. E-mail：ycmxn@slhndmtj.parks.cn

1132。姓名：喻威强

住址（医院）：山西省大同市天镇县隆辉路 222 号其食医院（邮政编码：362752）。联系电话：98779002。电子邮箱：hnxdy@ntpxchzk.health.cn

Zhù zhǐ: Yù Wēi Qiǎng Shānxī Shěng Dàtóng Shì Tiān Zhèn Xiàn Lóng Huī Lù 222 Hào Qí Yì Yī Yuàn （Yóuzhèng Biānmǎ：362752). Liánxì Diànhuà：98779002. Diànzǐ Yóuxiāng：hnxdy@ntpxchzk.health.cn

Wei Qiang Yu, Qi Yi Hospital, 222 Long Hui Road, Tianzhen County, Datong, Shanxi. Postal Code: 362752. Phone Number：98779002. E-mail：hnxdy@ntpxchzk.health.cn

1133。姓名: 杜坚九

住址（广场）：山西省阳泉市平定县九鸣路 394 号翼冠广场（邮政编码：635120）。联系电话：27464268。电子邮箱：yjsgn@lwaoqzhm.squares.cn

Zhù zhǐ: Dù Jiān Jiǔ Shānxī Shěng Yángquán Shì Píngdìng Xiàn Jiǔ Míng Lù 394 Hào Yì Guān Guǎng Chǎng (Yóuzhèng Biānmǎ：635120). Liánxì Diànhuà：27464268. Diànzǐ Yóuxiāng： yjsgn@lwaoqzhm.squares.cn

Jian Jiu Du, Yi Guan Square, 394 Jiu Ming Road, Pingding County, Yangquan, Shanxi. Postal Code: 635120. Phone Number：27464268. E-mail：yjsgn@lwaoqzhm.squares.cn

1134。姓名: 巢沛中

住址（博物院）：山西省晋城市高平市磊澜路 186 号晋城博物馆（邮政编码：377865）。联系电话：61632172。电子邮箱：pdvym@xjqwufeb.museums.cn

Zhù zhǐ: Cháo Bèi Zhòng Shānxī Shěng Jìnchéng Shì Gāopíng Shì Lěi Lán Lù 186 Hào Jncéng Bó Wù Guǎn (Yóuzhèng Biānmǎ：377865). Liánxì Diànhuà：61632172. Diànzǐ Yóuxiāng： pdvym@xjqwufeb.museums.cn

Bei Zhong Chao, Jincheng Museum, 186 Lei Lan Road, Gaoping City, Jincheng, Shanxi. Postal Code: 377865. Phone Number：61632172. E-mail：pdvym@xjqwufeb.museums.cn

1135。姓名: 褚独恩

住址（机场）：山西省太原市古交市谢成路 722 号太原熔恩国际机场（邮政编码：926263）。联系电话：77790206。电子邮箱：natdb@nvygbpor.airports.cn

Zhù zhǐ: Chǔ Dú Ēn Shānxī Shěng Tàiyuán Shì Gǔ Jiāo Shì Xiè Chéng Lù 722 Hào Tàiyuán Róng Ēn Guó Jì Jī Chǎng (Yóuzhèng Biānmǎ：926263). Liánxì Diànhuà：77790206. Diànzǐ Yóuxiāng：natdb@nvygbpor.airports.cn

Du En Chu, Taiyuan Rong En International Airport, 722 Xie Cheng Road, Gujiao City, Taiyuan, Shanxi. Postal Code: 926263. Phone Number：77790206. E-mail：natdb@nvygbpor.airports.cn

1136。姓名: 方守土

住址（寺庙）：山西省太原市尖草坪区甫辙路 242 号隆圣寺（邮政编码：304678）。联系电话：45392211。电子邮箱：vaqbn@usapfkzx.god.cn

Zhù zhǐ: Fāng Shǒu Tǔ Shānxī Shěng Tàiyuán Shì Jiān Cǎopíng Qū Fǔ Zhé Lù 242 Hào Lóng Shèng Sì （Yóuzhèng Biānmǎ：304678). Liánxì Diànhuà：45392211. Diànzǐ Yóuxiāng：vaqbn@usapfkzx.god.cn

Shou Tu Fang, Long Sheng Temple, 242 Fu Zhe Road, Jiancaoping District, Taiyuan, Shanxi. Postal Code: 304678. Phone Number：45392211. E-mail：vaqbn@usapfkzx.god.cn

1137。姓名: 龚愈泽

住址（公共汽车站）：山西省临汾市洪洞县铭全路 642 号世强站（邮政编码：513665）。联系电话：72921239。电子邮箱：jekxh@cpewjiqh.transport.cn

Zhù zhǐ: Gōng Yù Zé Shānxī Shěng Línfén Shì Hóng Dòng Xiàn Míng Quán Lù 642 Hào Shì Qiáng Zhàn （Yóuzhèng Biānmǎ：513665). Liánxì Diànhuà：72921239. Diànzǐ Yóuxiāng：jekxh@cpewjiqh.transport.cn

Yu Ze Gong, Shi Qiang Bus Station, 642 Ming Quan Road, Hongdong County, Linfen, Shanxi. Postal Code: 513665. Phone Number：72921239. E-mail：jekxh@cpewjiqh.transport.cn

1138。姓名: 章己涛

住址（医院）：山西省朔州市怀仁市先俊路 361 号柱淹医院（邮政编码：768323）。联系电话：75352507。电子邮箱：dcifr@pltryqmi.health.cn

Zhù zhǐ: Zhāng Jǐ Tāo Shānxī Shěng Shuò Zhōu Shì Huái Rén Shì Xiān Jùn Lù 361 Hào Zhù Yān Yī Yuàn (Yóuzhèng Biānmǎ：768323). Liánxì Diànhuà：75352507. Diànzǐ Yóuxiāng：dcifr@pltryqmi.health.cn

Ji Tao Zhang, Zhu Yan Hospital, 361 Xian Jun Road, Huairen City, Shuozhou, Shanxi. Postal Code: 768323. Phone Number：75352507. E-mail：dcifr@pltryqmi.health.cn

1139。姓名: 叶坤焯

住址（火车站）：山西省忻州市繁峙县际惟路937号忻州站（邮政编码：255230）。联系电话：48385698。电子邮箱：jnlzm@njeyrzvl.chr.cn

Zhù zhǐ: Yè Kūn Zhuō Shānxī Shěng Xīnzhōu Shì Fán Zhì Xiàn Jì Wéi Lù 937 Hào Xīnzōu Zhàn (Yóuzhèng Biānmǎ：255230). Liánxì Diànhuà：48385698. Diànzǐ Yóuxiāng：jnlzm@njeyrzvl.chr.cn

Kun Zhuo Ye, Xinzhou Railway Station, 937 Ji Wei Road, Fanshi County, Xinzhou, Shanxi. Postal Code: 255230. Phone Number：48385698. E-mail：jnlzm@njeyrzvl.chr.cn

1140。姓名: 宇文化科

住址（湖泊）：山西省晋中市左权县不刚路466号钢智湖（邮政编码：748712）。联系电话：52985973。电子邮箱：djvmc@rfoxkmie.lakes.cn

Zhù zhǐ: Yǔwén Huà Kē Shānxī Shěng Jìn Zhōng Shì Zuǒquán Xiàn Bù Gāng Lù 466 Hào Gāng Zhì Hú (Yóuzhèng Biānmǎ：748712). Liánxì Diànhuà：52985973. Diànzǐ Yóuxiāng：djvmc@rfoxkmie.lakes.cn

Hua Ke Yuwen, Gang Zhi Lake, 466 Bu Gang Road, Zuoquan County, Jinzhong, Shanxi. Postal Code: 748712. Phone Number：52985973. E-mail：djvmc@rfoxkmie.lakes.cn

CHAPTER 4: NAME, SURNAME & ADDRESSES (91-120)

1141。姓名: 怀昌世

住址（大学）：山西省大同市平城区居人大学祥鸣路 661 号（邮政编码：570208）。联系电话：73198311。电子邮箱：ftdmh@rcnvjeis.edu.cn

Zhù zhǐ: Huái Chāng Shì Shānxī Shěng Dàtóng Shì Píng Chéng Qū Jū Rén DàxuéXiáng Míng Lù 661 Hào (Yóuzhèng Biānmǎ：570208). Liánxì Diànhuà：73198311. Diànzǐ Yóuxiāng：ftdmh@rcnvjeis.edu.cn

Chang Shi Huai, Ju Ren University, 661 Xiang Ming Road, Pingcheng District, Datong, Shanxi. Postal Code: 570208. Phone Number：73198311. E-mail：ftdmh@rcnvjeis.edu.cn

1142。姓名: 鲁阳科

住址（博物院）：山西省朔州市山阴县食源路 380 号朔州博物馆（邮政编码：662268）。联系电话：67658410。电子邮箱：uiyzo@qjfsucdi.museums.cn

Zhù zhǐ: Lǔ Yáng Kē Shānxī Shěng Shuò Zhōu Shì Shān Yīn Xiàn Yì Yuán Lù 380 Hào uò Zōu Bó Wù Guǎn (Yóuzhèng Biānmǎ：662268). Liánxì Diànhuà：67658410. Diànzǐ Yóuxiāng：uiyzo@qjfsucdi.museums.cn

Yang Ke Lu, Shuozhou Museum, 380 Yi Yuan Road, Sanyin County, Shuozhou, Shanxi. Postal Code: 662268. Phone Number：67658410. E-mail：uiyzo@qjfsucdi.museums.cn

1143。姓名: 薄仲乐

住址（火车站）：山西省运城市稷山县征锡路 247 号运城站（邮政编码：672621）。联系电话：68771165。电子邮箱：kscvf@mbkicjps.chr.cn

Zhù zhǐ: Bó Zhòng Lè Shānxī Shěng Yùn Chéng Shì Jì Shān Xiàn Zhēng Xī Lù 247 Hào Yùn Céng Zhàn (Yóuzhèng Biānmǎ：672621). Liánxì Diànhuà：68771165. Diànzǐ Yóuxiāng：kscvf@mbkicjps.chr.cn

Zhong Le Bo, Yuncheng Railway Station, 247 Zheng Xi Road, Jishan County, Yuncheng, Shanxi. Postal Code: 672621. Phone Number：68771165. E-mail：kscvf@mbkicjps.chr.cn

1144。姓名: 籍不龙

住址（湖泊）：山西省忻州市神池县翼敬路 504 号波渊湖（邮政编码：211899）。联系电话：77384577。电子邮箱：ojqkz@afyrshqg.lakes.cn

Zhù zhǐ: Jí Bù Lóng Shānxī Shěng Xīnzhōu Shì Shénchí Xiàn Yì Jìng Lù 504 Hào Bō Yuān Hú (Yóuzhèng Biānmǎ：211899). Liánxì Diànhuà：77384577. Diànzǐ Yóuxiāng：ojqkz@afyrshqg.lakes.cn

Bu Long Ji, Bo Yuan Lake, 504 Yi Jing Road, Shenchi County, Xinzhou, Shanxi. Postal Code: 211899. Phone Number：77384577. E-mail：ojqkz@afyrshqg.lakes.cn

1145。姓名: 黄晗惟

住址（酒店）：山西省运城市临猗县豹原路 607 号居晖酒店（邮政编码：494287）。联系电话：80537652。电子邮箱：zbryx@rgniyljd.biz.cn

Zhù zhǐ: Huáng Hán Wéi Shānxī Shěng Yùn Chéng Shì Lín Yī Xiàn Bào Yuán Lù 607 Hào Jū Huī Jiǔ Diàn (Yóuzhèng Biānmǎ：494287). Liánxì Diànhuà：80537652. Diànzǐ Yóuxiāng：zbryx@rgniyljd.biz.cn

Han Wei Huang, Ju Hui Hotel, 607 Bao Yuan Road, Linyi County, Yuncheng, Shanxi. Postal Code: 494287. Phone Number：80537652. E-mail：zbryx@rgniyljd.biz.cn

1146。姓名: 公西珂淹

住址（公共汽车站）：山西省吕梁市文水县源庆路 300 号骥庆站（邮政编码：344204）。联系电话：31767563。电子邮箱：rqjhd@mnqsldtz.transport.cn

Zhù zhǐ: Gōngxī Kē Yān Shānxī Shěng Lǚliáng Shì Wén Shuǐ Xiàn Yuán Qìng Lù 300 Hào Jì Qìng Zhàn (Yóuzhèng Biānmǎ：344204). Liánxì Diànhuà：31767563. Diànzǐ Yóuxiāng：rqjhd@mnqsldtz.transport.cn

Ke Yan Gongxi, Ji Qing Bus Station, 300 Yuan Qing Road, Wenshui County, Luliang, Shanxi. Postal Code: 344204. Phone Number：31767563. E-mail：rqjhd@mnqsldtz.transport.cn

1147。姓名：厍山炯

住址（大学）：山西省太原市古交市铁兵大学大食路688号（邮政编码：810577）。联系电话：52483837。电子邮箱：kzehs@otlvnuyh.edu.cn

Zhù zhǐ: Shè Shān Jiǒng Shānxī Shěng Tàiyuán Shì Gǔ Jiāo Shì Fū Bīng DàxuéDài Yì Lù 688 Hào (Yóuzhèng Biānmǎ：810577). Liánxì Diànhuà：52483837. Diànzǐ Yóuxiāng：kzehs@otlvnuyh.edu.cn

Shan Jiong She, Fu Bing University, 688 Dai Yi Road, Gujiao City, Taiyuan, Shanxi. Postal Code: 810577. Phone Number：52483837. E-mail：kzehs@otlvnuyh.edu.cn

1148。姓名：岑铁民

住址（公司）：山西省吕梁市交城县智郁路160号岐庆有限公司（邮政编码：752370）。联系电话：55330492。电子邮箱：igybc@jgqxozte.biz.cn

Zhù zhǐ: Cén Fū Mín Shānxī Shěng Lǚliáng Shì Jiāo Chéng Xiàn Zhì Yù Lù 160 Hào Qí Qìng Yǒuxiàn Gōngsī (Yóuzhèng Biānmǎ：752370). Liánxì Diànhuà：55330492. Diànzǐ Yóuxiāng：igybc@jgqxozte.biz.cn

Fu Min Cen, Qi Qing Corporation, 160 Zhi Yu Road, Jiaocheng County, Luliang, Shanxi. Postal Code: 752370. Phone Number：55330492. E-mail：igybc@jgqxozte.biz.cn

1149。姓名：沃骥盛

住址（机场）：山西省临汾市乡宁县全铭路 381 号临汾人祥国际机场（邮政编码：819478）。联系电话：95489445。电子邮箱：qjywx@thqvrseu.airports.cn

Zhù zhǐ: Wò Jì Chéng Shānxī Shěng Línfén Shì Xiāng Níngxiàn Quán Míng Lù 381 Hào Línfén Rén Xiáng Guó Jì Jī Chǎng (Yóuzhèng Biānmǎ：819478). Liánxì Diànhuà：95489445. Diànzǐ Yóuxiāng：qjywx@thqvrseu.airports.cn

Ji Cheng Wo, Linfen Ren Xiang International Airport, 381 Quan Ming Road, Xiangning County, Linfen, Shanxi. Postal Code: 819478. Phone Number：95489445. E-mail：qjywx@thqvrseu.airports.cn

1150。姓名: 钮臻成

住址（湖泊）：山西省运城市芮城县锤顺路 516 号石阳湖（邮政编码：460017）。联系电话：93440320。电子邮箱：ukgcz@nvuikqth.lakes.cn

Zhù zhǐ: Niǔ Zhēn Chéng Shānxī Shěng Yùn Chéng Shì Ruì Chéng Xiàn Chuí Shùn Lù 516 Hào Shí Yáng Hú (Yóuzhèng Biānmǎ：460017). Liánxì Diànhuà：93440320. Diànzǐ Yóuxiāng：ukgcz@nvuikqth.lakes.cn

Zhen Cheng Niu, Shi Yang Lake, 516 Chui Shun Road, Ruicheng County, Yuncheng, Shanxi. Postal Code: 460017. Phone Number：93440320. E-mail：ukgcz@nvuikqth.lakes.cn

1151。姓名: 蒋屹珂

住址（寺庙）：山西省忻州市五台县光晖路 136 号石仲寺（邮政编码：525028）。联系电话：14000931。电子邮箱：gcxyi@qcfoxnky.god.cn

Zhù zhǐ: Jiǎng Yì Kē Shānxī Shěng Xīnzhōu Shì Wǔ Tái Xiàn Guāng Huī Lù 136 Hào Dàn Zhòng Sì (Yóuzhèng Biānmǎ：525028). Liánxì Diànhuà：14000931. Diànzǐ Yóuxiāng：gcxyi@qcfoxnky.god.cn

Yi Ke Jiang, Dan Zhong Temple, 136 Guang Hui Road, Wutai County, Xinzhou, Shanxi. Postal Code: 525028. Phone Number：14000931. E-mail：gcxyi@qcfoxnky.god.cn

1152。姓名: 任宝强

住址（机场）：山西省晋城市城区进化路188号晋城红勇国际机场（邮政编码：358924）。联系电话：50150485。电子邮箱：tawgn@jzkrcusx.airports.cn

Zhù zhǐ: Rèn Bǎo Qiǎng Shānxī Shěng Jìnchéng Shì Chéngqū Jìn Huà Lù 188 Hào Jncéng Hóng Yǒng Guó Jì Jī Chǎng （Yóuzhèng Biānmǎ：358924). Liánxì Diànhuà：50150485. Diànzǐ Yóuxiāng：tawgn@jzkrcusx.airports.cn

Bao Qiang Ren, Jincheng Hong Yong International Airport, 188 Jin Hua Road, Urban Area, Jincheng, Shanxi. Postal Code: 358924. Phone Number：50150485. E-mail：tawgn@jzkrcusx.airports.cn

1153。姓名: 单于辙斌

住址（寺庙）：山西省朔州市平鲁区钢人路236号甫寰寺（邮政编码：730803）。联系电话：90907253。电子邮箱：crvtf@fmqjepog.god.cn

Zhù zhǐ: Chányú Zhé Bīn Shānxī Shěng Shuò Zhōu Shì Píng Lǔ Qū Gāng Rén Lù 236 Hào Fǔ Huán Sì （Yóuzhèng Biānmǎ：730803). Liánxì Diànhuà：90907253. Diànzǐ Yóuxiāng：crvtf@fmqjepog.god.cn

Zhe Bin Chanyu, Fu Huan Temple, 236 Gang Ren Road, Pinglu District, Shuozhou, Shanxi. Postal Code: 730803. Phone Number：90907253. E-mail：crvtf@fmqjepog.god.cn

1154。姓名: 范食轶

住址（博物院）：山西省朔州市应县胜隆路276号朔州博物馆（邮政编码：565991）。联系电话：39512077。电子邮箱：obkya@ctbsqdlh.museums.cn

Zhù zhǐ: Fàn Sì Yì Shānxī Shěng Shuò Zhōu Shì Yìng Xiàn Shēng Lóng Lù 276 Hào uò Zōu Bó Wù Guǎn (Yóuzhèng Biānmǎ：565991). Liánxì Diànhuà：39512077. Diànzǐ Yóuxiāng：obkya@ctbsqdlh.museums.cn

Si Yi Fan, Shuozhou Museum, 276 Sheng Long Road, Ying County, Shuozhou, Shanxi. Postal Code: 565991. Phone Number：39512077. E-mail：obkya@ctbsqdlh.museums.cn

1155。姓名: 南门食可

住址（湖泊）：山西省长治市沁县振沛路501号豹计湖（邮政编码：571040）。联系电话：79365483。电子邮箱：icxqk@hmjcrxfk.lakes.cn

Zhù zhǐ: Nánmén Sì Kě Shānxī Shěng Chángzhì Shì Qìn Xiàn Zhèn Pèi Lù 501 Hào Bào Jì Hú (Yóuzhèng Biānmǎ：571040). Liánxì Diànhuà：79365483. Diànzǐ Yóuxiāng：icxqk@hmjcrxfk.lakes.cn

Si Ke Nanmen, Bao Ji Lake, 501 Zhen Pei Road, Qin County, Changzhi, Shanxi. Postal Code: 571040. Phone Number：79365483. E-mail：icxqk@hmjcrxfk.lakes.cn

1156。姓名: 蒋成强

住址（公共汽车站）：山西省忻州市定襄县仓宽路680号尚原站（邮政编码：195181）。联系电话：14420764。电子邮箱：amslr@rgunkxwm.transport.cn

Zhù zhǐ: Jiǎng Chéng Qiǎng Shānxī Shěng Xīnzhōu Shì Dìng Xiāng Xiàn Cāng Kuān Lù 680 Hào Shàng Yuán Zhàn (Yóuzhèng Biānmǎ：195181). Liánxì Diànhuà：14420764. Diànzǐ Yóuxiāng：amslr@rgunkxwm.transport.cn

Cheng Qiang Jiang, Shang Yuan Bus Station, 680 Cang Kuan Road, Dingxiang County, Xinzhou, Shanxi. Postal Code: 195181. Phone Number：14420764. E-mail：amslr@rgunkxwm.transport.cn

1157。姓名: 湛水焊

住址（医院）：山西省大同市新荣区亭舟路 786 号立涛医院（邮政编码：754328）。联系电话：67925125。电子邮箱：xungm@byurqdom.health.cn

Zhù zhǐ: Zhàn Shuǐ Chāo Shānxī Shěng Dàtóng Shì Xīn Róng Qū Tíng Zhōu Lù 786 Hào Lì Tāo Yī Yuàn (Yóuzhèng Biānmǎ：754328). Liánxì Diànhuà：67925125. Diànzǐ Yóuxiāng：xungm@byurqdom.health.cn

Shui Chao Zhan, Li Tao Hospital, 786 Ting Zhou Road, Xinrong District, Datong, Shanxi. Postal Code: 754328. Phone Number：67925125. E-mail：xungm@byurqdom.health.cn

1158。姓名: 束勇彬

住址（医院）：山西省阳泉市盂县澜渊路 284 号南焯医院（邮政编码：941637）。联系电话：24216871。电子邮箱：vpnta@xsmblwqe.health.cn

Zhù zhǐ: Shù Yǒng Bīn Shānxī Shěng Yángquán Shì Yú Xiàn Lán Yuān Lù 284 Hào Nán Chāo Yī Yuàn (Yóuzhèng Biānmǎ：941637). Liánxì Diànhuà：24216871. Diànzǐ Yóuxiāng：vpnta@xsmblwqe.health.cn

Yong Bin Shu, Nan Chao Hospital, 284 Lan Yuan Road, Yu County, Yangquan, Shanxi. Postal Code: 941637. Phone Number：24216871. E-mail：vpnta@xsmblwqe.health.cn

1159。姓名: 雍食沛

住址（家庭）：山西省朔州市右玉县鸣臻路 583 号际浩公寓 34 层 222 室（邮政编码：885654）。联系电话：62578748。电子邮箱：skhlf@tbmwxsqe.cn

Zhù zhǐ: Yōng Yì Bèi Shānxī Shěng Shuò Zhōu Shì Yòu Yù Xiàn Míng Zhēn Lù 583 Hào Jì Hào Gōng Yù 34 Céng 222 Shì (Yóuzhèng Biānmǎ：885654). Liánxì Diànhuà：62578748. Diànzǐ Yóuxiāng：skhlf@tbmwxsqe.cn

Yi Bei Yong, Room# 222, Floor# 34, Ji Hao Apartment, 583 Ming Zhen Road, Youyu County, Shuozhou, Shanxi. Postal Code: 885654. Phone Number：62578748. E-mail：skhlf@tbmwxsqe.cn

1160。姓名: 计克金

住址（酒店）：山西省朔州市右玉县亮智路838号焯秀酒店（邮政编码：111203）。联系电话：19072524。电子邮箱：cjuha@avrepwut.biz.cn

Zhù zhǐ: Jì Kè Jīn Shānxī Shěng Shuò Zhōu Shì Yòu Yù Xiàn Liàng Zhì Lù 838 Hào Zhuō Xiù Jiǔ Diàn (Yóuzhèng Biānmǎ：111203). Liánxì Diànhuà：19072524. Diànzǐ Yóuxiāng：cjuha@avrepwut.biz.cn

Ke Jin Ji, Zhuo Xiu Hotel, 838 Liang Zhi Road, Youyu County, Shuozhou, Shanxi. Postal Code: 111203. Phone Number：19072524. E-mail：cjuha@avrepwut.biz.cn

1161。姓名: 羊山世

住址（湖泊）：山西省晋中市榆次区冠陶路105号寰亮湖（邮政编码：301340）。联系电话：29179782。电子邮箱：dpngi@swmktfpn.lakes.cn

Zhù zhǐ: Yáng Shān Shì Shānxī Shěng Jìn Zhōng Shì Yú Cì Qū Guān Táo Lù 105 Hào Huán Liàng Hú (Yóuzhèng Biānmǎ：301340). Liánxì Diànhuà：29179782. Diànzǐ Yóuxiāng：dpngi@swmktfpn.lakes.cn

Shan Shi Yang, Huan Liang Lake, 105 Guan Tao Road, Yuci District, Jinzhong, Shanxi. Postal Code: 301340. Phone Number：29179782. E-mail：dpngi@swmktfpn.lakes.cn

1162。姓名: 林葛际

住址（广场）：山西省长治市上党区仓己路617号全屹广场（邮政编码：449297）。联系电话：77615500。电子邮箱：wkfxn@lebvpgfz.squares.cn

Zhù zhǐ: Lín Gé Jì Shānxī Shěng Chángzhì Shì Shàng Dǎng Qū Cāng Jǐ Lù 617 Hào Quán Yì Guǎng Chǎng (Yóuzhèng Biānmǎ：449297). Liánxì Diànhuà：77615500. Diànzǐ Yóuxiāng：wkfxn@lebvpgfz.squares.cn

Ge Ji Lin, Quan Yi Square, 617 Cang Ji Road, Shangdang District, Changzhi, Shanxi. Postal Code: 449297. Phone Number：77615500. E-mail：wkfxn@lebvpgfz.squares.cn

1163。姓名: 郏桥风

住址（寺庙）：山西省运城市夏县陆柱路 418 号中楚寺（邮政编码：855750）。联系电话：66590147。电子邮箱：qkjye@xgawljbc.god.cn

Zhù zhǐ: Jiá Qiáo Fēng Shānxī Shěng Yùn Chéng Shì Xià Xiàn Liù Zhù Lù 418 Hào Zhòng Chǔ Sì (Yóuzhèng Biānmǎ：855750). Liánxì Diànhuà：66590147. Diànzǐ Yóuxiāng：qkjye@xgawljbc.god.cn

Qiao Feng Jia, Zhong Chu Temple, 418 Liu Zhu Road, Xia County, Yuncheng, Shanxi. Postal Code: 855750. Phone Number：66590147. E-mail：qkjye@xgawljbc.god.cn

1164。姓名: 充超中

住址（家庭）：山西省运城市芮城县臻帆路 593 号游友公寓 47 层 482 室（邮政编码：971737）。联系电话：35737068。电子邮箱：xunfr@ebqzgsxo.cn

Zhù zhǐ: Chōng Chāo Zhōng Shānxī Shěng Yùn Chéng Shì Ruì Chéng Xiàn Zhēn Fān Lù 593 Hào Yóu Yǒu Gōng Yù 47 Céng 482 Shì (Yóuzhèng Biānmǎ：971737). Liánxì Diànhuà：35737068. Diànzǐ Yóuxiāng：xunfr@ebqzgsxo.cn

Chao Zhong Chong, Room# 482, Floor# 47, You You Apartment, 593 Zhen Fan Road, Ruicheng County, Yuncheng, Shanxi. Postal Code: 971737. Phone Number：35737068. E-mail：xunfr@ebqzgsxo.cn

1165。姓名: 廉柱大

住址（酒店）：山西省太原市迎泽区大九路209号院守酒店（邮政编码：318999）。联系电话：23259491。电子邮箱：evywh@tfjadhsb.biz.cn

Zhù zhǐ: Lián Zhù Dài Shānxī Shěng Tàiyuán Shì Yíng Zé Qū Dài Jiǔ Lù 209 Hào Yuàn Shǒu Jiǔ Diàn (Yóuzhèng Biānmǎ：318999). Liánxì Diànhuà：23259491. Diànzǐ Yóuxiāng：evywh@tfjadhsb.biz.cn

Zhu Dai Lian, Yuan Shou Hotel, 209 Dai Jiu Road, Yingze District, Taiyuan, Shanxi. Postal Code: 318999. Phone Number：23259491. E-mail：evywh@tfjadhsb.biz.cn

1166。姓名：朱冠领

住址（湖泊）：山西省晋中市祁县恩舟路998号南其湖（邮政编码：795135）。联系电话：24205338。电子邮箱：uljsp@cfvrbigw.lakes.cn

Zhù zhǐ: Zhū Guān Lǐng Shānxī Shěng Jìn Zhōng Shì Qí Xiàn Ēn Zhōu Lù 998 Hào Nán Qí Hú (Yóuzhèng Biānmǎ：795135). Liánxì Diànhuà：24205338. Diànzǐ Yóuxiāng：uljsp@cfvrbigw.lakes.cn

Guan Ling Zhu, Nan Qi Lake, 998 En Zhou Road, Qi County, Jinzhong, Shanxi. Postal Code: 795135. Phone Number：24205338. E-mail：uljsp@cfvrbigw.lakes.cn

1167。姓名：广翼发

住址（博物院）：山西省临汾市霍州市钢洵路734号临汾博物馆（邮政编码：541667）。联系电话：38548595。电子邮箱：wgvnr@thujelxc.museums.cn

Zhù zhǐ: Guǎng Yì Fā Shānxī Shěng Línfén Shì Huò Zhōu Shì Gāng Xún Lù 734 Hào Línfén Bó Wù Guǎn (Yóuzhèng Biānmǎ：541667). Liánxì Diànhuà：38548595. Diànzǐ Yóuxiāng：wgvnr@thujelxc.museums.cn

Yi Fa Guang, Linfen Museum, 734 Gang Xun Road, Huozhou, Linfen, Shanxi. Postal Code: 541667. Phone Number：38548595. E-mail：wgvnr@thujelxc.museums.cn

1168。姓名：糜渊南

住址（广场）：山西省忻州市偏关县发焯路 761 号食辙广场（邮政编码：707214）。联系电话：19744207。电子邮箱：bkfcl@jnzcblhq.squares.cn

Zhù zhǐ: Mí Yuān Nán Shānxī Shěng Xīnzhōu Shì Piān Guān Xiàn Fā Chāo Lù 761 Hào Shí Zhé Guǎng Chǎng （Yóuzhèng Biānmǎ： 707214). Liánxì Diànhuà：19744207. Diànzǐ Yóuxiāng： bkfcl@jnzcblhq.squares.cn

Yuan Nan Mi, Shi Zhe Square, 761 Fa Chao Road, Pianguan County, Xinzhou, Shanxi. Postal Code: 707214. Phone Number： 19744207. E-mail：bkfcl@jnzcblhq.squares.cn

1169。姓名：郑国自

住址（博物院）：山西省晋中市介休市可立路 234 号晋中博物馆（邮政编码：527646）。联系电话：87184075。电子邮箱：vawlf@omuhckzn.museums.cn

Zhù zhǐ: Zhèng Guó Zì Shānxī Shěng Jìn Zhōng Shì Jiè Xiūshì Kě Lì Lù 234 Hào Jn Zōng Bó Wù Guǎn （Yóuzhèng Biānmǎ： 527646). Liánxì Diànhuà：87184075. Diànzǐ Yóuxiāng： vawlf@omuhckzn.museums.cn

Guo Zi Zheng, Jinzhong Museum, 234 Ke Li Road, Jiexiu City, Jinzhong, Shanxi. Postal Code: 527646. Phone Number： 87184075. E-mail：vawlf@omuhckzn.museums.cn

1170。姓名：柳隆臻

住址（湖泊）：山西省朔州市平鲁区坤居路 169 号全腾湖（邮政编码：699060）。联系电话：50856631。电子邮箱：fhcau@bldpwasi.lakes.cn

Zhù zhǐ: Liǔ Lóng Zhēn Shānxī Shěng Shuò Zhōu Shì Píng Lǔ Qū Kūn Jū Lù 169 Hào Quán Téng Hú （Yóuzhèng Biānmǎ： 699060). Liánxì Diànhuà：50856631. Diànzǐ Yóuxiāng： fhcau@bldpwasi.lakes.cn

Long Zhen Liu, Quan Teng Lake, 169 Kun Ju Road, Pinglu District, Shuozhou, Shanxi. Postal Code: 699060. Phone Number: 50856631. E-mail: fhcau@bldpwasi.lakes.cn

CHAPTER 5: NAME, SURNAME & ADDRESSES (121-150)

1171。姓名: 霍彬渊

住址（酒店）：山西省晋中市太谷区计成路846号黎沛酒店（邮政编码：893195）。联系电话：22345050。电子邮箱：fwzut@kznlsfdi.biz.cn

Zhù zhǐ: Huò Bīn Yuān Shānxī Shěng Jìn Zhōng Shì Tài Gǔ Qū Jì Chéng Lù 846 Hào Lí Bèi Jiǔ Diàn (Yóuzhèng Biānmǎ：893195). Liánxì Diànhuà：22345050. Diànzǐ Yóuxiāng：fwzut@kznlsfdi.biz.cn

Bin Yuan Huo, Li Bei Hotel, 846 Ji Cheng Road, Taigu District, Jinzhong, Shanxi. Postal Code: 893195. Phone Number：22345050. E-mail：fwzut@kznlsfdi.biz.cn

1172。姓名: 元兆圣

住址（广场）：山西省太原市阳曲县翼仓路246号晗舟广场（邮政编码：144707）。联系电话：61750655。电子邮箱：ysbzn@azpqewxh.squares.cn

Zhù zhǐ: Yuán Zhào Shèng Shānxī Shěng Tàiyuán Shì Yáng Qū Xiàn Yì Cāng Lù 246 Hào Hán Zhōu Guǎng Chǎng (Yóuzhèng Biānmǎ：144707). Liánxì Diànhuà：61750655. Diànzǐ Yóuxiāng：ysbzn@azpqewxh.squares.cn

Zhao Sheng Yuan, Han Zhou Square, 246 Yi Cang Road, Yangqu County, Taiyuan, Shanxi. Postal Code: 144707. Phone Number：61750655. E-mail：ysbzn@azpqewxh.squares.cn

1173。姓名: 厉帆人

住址（大学）：山西省吕梁市中阳县晖陆大学顺豪路120号（邮政编码：162274）。联系电话：26999706。电子邮箱：rexat@qbjmtscg.edu.cn

Zhù zhǐ: Lì Fān Rén Shānxī Shěng Lǚliáng Shì Zhōng Yáng Xiàn Huī Liù DàxuéShùn Háo Lù 120 Hào (Yóuzhèng Biānmǎ：162274). Liánxì Diànhuà：26999706. Diànzǐ Yóuxiāng：rexat@qbjmtscg.edu.cn

Fan Ren Li, Hui Liu University, 120 Shun Hao Road, Zhongyang County, Luliang, Shanxi. Postal Code: 162274. Phone Number：26999706. E-mail：rexat@qbjmtscg.edu.cn

1174。姓名: 叶金胜

住址（医院）：山西省运城市绛县食大路 177 号浩克医院（邮政编码：159656）。联系电话：33611658。电子邮箱：kawlq@dqpyouvr.health.cn

Zhù zhǐ: Yè Jīn Shēng Shānxī Shěng Yùn Chéng Shì Jiàng Xiàn Shí Dài Lù 177 Hào Hào Kè Yī Yuàn（Yóuzhèng Biānmǎ：159656). Liánxì Diànhuà：33611658. Diànzǐ Yóuxiāng：kawlq@dqpyouvr.health.cn

Jin Sheng Ye, Hao Ke Hospital, 177 Shi Dai Road, Jiang County, Yuncheng, Shanxi. Postal Code: 159656. Phone Number：33611658. E-mail：kawlq@dqpyouvr.health.cn

1175。姓名: 连晖焯

住址（家庭）：山西省吕梁市孝义市汉王路 226 号澜冠公寓 7 层 738 室（邮政编码：304817）。联系电话：92982394。电子邮箱：ixcef@dtjskneg.cn

Zhù zhǐ: Lián Huī Zhuō Shānxī Shěng Lǚliáng Shì Xiào Yì Shì Hàn Wàng Lù 226 Hào Lán Guān Gōng Yù 7 Céng 738 Shì (Yóuzhèng Biānmǎ：304817). Liánxì Diànhuà：92982394. Diànzǐ Yóuxiāng：ixcef@dtjskneg.cn

Hui Zhuo Lian, Room# 738, Floor# 7, Lan Guan Apartment, 226 Han Wang Road, Xiaoyi City, Luliang, Shanxi. Postal Code: 304817. Phone Number：92982394. E-mail：ixcef@dtjskneg.cn

1176。姓名: 殳帆兵

住址（公司）：山西省临汾市隰县铁国路 681 号鸣甫有限公司（邮政编码：149613）。联系电话：19643748。电子邮箱：nyalh@dzahcile.biz.cn

Zhù zhǐ: Shū Fān Bīng Shānxī Shěng Línfén Shì Xí Xiàn Yì Guó Lù 681 Hào Míng Fǔ Yǒuxiàn Gōngsī (Yóuzhèng Biānmǎ：149613). Liánxì Diànhuà：19643748. Diànzǐ Yóuxiāng：nyalh@dzahcile.biz.cn

Fan Bing Shu, Ming Fu Corporation, 681 Yi Guo Road, Xi County, Linfen, Shanxi. Postal Code: 149613. Phone Number：19643748. E-mail：nyalh@dzahcile.biz.cn

1177。姓名: 安强昌

住址（机场）：山西省忻州市代县大宽路839号忻州不宽国际机场（邮政编码：870492）。联系电话：79136334。电子邮箱：jmfwa@dspbujie.airports.cn

Zhù zhǐ: Ān Qiáng Chāng Shānxī Shěng Xīnzhōu Shì Dài Xiàn Dà Kuān Lù 839 Hào Xīnzōu Bù Kuān Guó Jì Jī Chǎng (Yóuzhèng Biānmǎ：870492). Liánxì Diànhuà：79136334. Diànzǐ Yóuxiāng：jmfwa@dspbujie.airports.cn

Qiang Chang An, Xinzhou Bu Kuan International Airport, 839 Da Kuan Road, Dai County, Xinzhou, Shanxi. Postal Code: 870492. Phone Number：79136334. E-mail：jmfwa@dspbujie.airports.cn

1178。姓名: 昌冠自

住址（机场）：山西省临汾市蒲县员珂路506号临汾游员国际机场（邮政编码：196654）。联系电话：88180283。电子邮箱：tnorf@spdoxvzl.airports.cn

Zhù zhǐ: Chāng Guān Zì Shānxī Shěng Línfén Shì Pú Xiàn Yuán Kē Lù 506 Hào Línfén Yóu Yún Guó Jì Jī Chǎng (Yóuzhèng Biānmǎ：196654). Liánxì Diànhuà：88180283. Diànzǐ Yóuxiāng：tnorf@spdoxvzl.airports.cn

Guan Zi Chang, Linfen You Yun International Airport, 506 Yuan Ke Road, Pu County, Linfen, Shanxi. Postal Code: 196654. Phone Number：88180283. E-mail：tnorf@spdoxvzl.airports.cn

1179。姓名: 姓振中

住址（公共汽车站）：山西省阳泉市矿区威九路 257 号克启站（邮政编码：932470）。联系电话：33678149。电子邮箱：qvmod@qciuwoge.transport.cn

Zhù zhǐ: Xìng Zhèn Zhòng Shānxī Shěng Yángquán Shì Kuàngqū Wēi Jiǔ Lù 257 Hào Kè Qǐ Zhàn (Yóuzhèng Biānmǎ：932470). Liánxì Diànhuà：33678149. Diànzǐ Yóuxiāng：qvmod@qciuwoge.transport.cn

Zhen Zhong Xing, Ke Qi Bus Station, 257 Wei Jiu Road, Mining Area, Yangquan, Shanxi. Postal Code: 932470. Phone Number：33678149. E-mail：qvmod@qciuwoge.transport.cn

1180。姓名: 邱豹彬

住址（酒店）：山西省吕梁市文水县波宝路 617 号昌乙酒店（邮政编码：315068）。联系电话：50945021。电子邮箱：lhrud@rylvudsq.biz.cn

Zhù zhǐ: Qiū Bào Bīn Shānxī Shěng Lǚliáng Shì Wén Shuǐ Xiàn Bō Bǎo Lù 617 Hào Chāng Yǐ Jiǔ Diàn (Yóuzhèng Biānmǎ：315068). Liánxì Diànhuà：50945021. Diànzǐ Yóuxiāng：lhrud@rylvudsq.biz.cn

Bao Bin Qiu, Chang Yi Hotel, 617 Bo Bao Road, Wenshui County, Luliang, Shanxi. Postal Code: 315068. Phone Number：50945021. E-mail：lhrud@rylvudsq.biz.cn

1181。姓名: 何己智

住址（公园）：山西省晋中市祁县愈德路 287 号坤亚公园（邮政编码：420382）。联系电话：42932438。电子邮箱：ztyds@qkjglbrm.parks.cn

Zhù zhǐ: Hé Jǐ Zhì Shānxī Shěng Jìn Zhōng Shì Qí Xiàn Yù Dé Lù 287 Hào Kūn Yà Gōng Yuán (Yóuzhèng Biānmǎ：420382). Liánxì Diànhuà：42932438. Diànzǐ Yóuxiāng：ztyds@qkjglbrm.parks.cn

Ji Zhi He, Kun Ya Park, 287 Yu De Road, Qi County, Jinzhong, Shanxi. Postal Code: 420382. Phone Number：42932438. E-mail：ztyds@qkjglbrm.parks.cn

1182。姓名: 桓九熔

住址（公园）：山西省太原市小店区跃易路 675 号辉冠公园（邮政编码：895352）。联系电话：72675512。电子邮箱：xghck@bqcwgzit.parks.cn

Zhù zhǐ: Huán Jiǔ Róng Shānxī Shěng Tàiyuán Shì Xiǎo Diàn Qū Yuè Yì Lù 675 Hào Huī Guān Gōng Yuán (Yóuzhèng Biānmǎ：895352). Liánxì Diànhuà：72675512. Diànzǐ Yóuxiāng：xghck@bqcwgzit.parks.cn

Jiu Rong Huan, Hui Guan Park, 675 Yue Yi Road, Shop Area, Taiyuan, Shanxi. Postal Code: 895352. Phone Number：72675512. E-mail：xghck@bqcwgzit.parks.cn

1183。姓名: 韦尚龙

住址（公园）：山西省吕梁市兴县成石路 943 号顺甫公园（邮政编码：271509）。联系电话：85805530。电子邮箱：apqmk@jyherdcf.parks.cn

Zhù zhǐ: Wéi Shàng Lóng Shānxī Shěng Lǚliáng Shì Xìng Xiàn Chéng Shí Lù 943 Hào Shùn Fǔ Gōng Yuán (Yóuzhèng Biānmǎ：271509). Liánxì Diànhuà：85805530. Diànzǐ Yóuxiāng：apqmk@jyherdcf.parks.cn

Shang Long Wei, Shun Fu Park, 943 Cheng Shi Road, Xing County, Luliang, Shanxi. Postal Code: 271509. Phone Number：85805530. E-mail：apqmk@jyherdcf.parks.cn

1184。姓名: 穀梁宝大

住址（机场）：山西省朔州市应县翼钦路 465 号朔州葆启国际机场（邮政编码：592785）。联系电话：46500451。电子邮箱：skhxz@snrqtcxm.airports.cn

Zhù zhǐ: Gǔliáng Bǎo Dà Shānxī Shěng Shuò Zhōu Shì Yìng Xiàn Yì Qīn Lù 465 Hào uò Zōu Bǎo Qǐ Guó Jì Jī Chǎng (Yóuzhèng Biānmǎ：592785). Liánxì Diànhuà：46500451. Diànzǐ Yóuxiāng：skhxz@snrqtcxm.airports.cn

Bao Da Guliang, Shuozhou Bao Qi International Airport, 465 Yi Qin Road, Ying County, Shuozhou, Shanxi. Postal Code: 592785. Phone Number：46500451. E-mail：skhxz@snrqtcxm.airports.cn

1185。姓名: 戎友宝

住址（寺庙）：山西省朔州市平鲁区昌来路 136 号石勇寺（邮政编码：481178）。联系电话：33788126。电子邮箱：ovjkd@gmlqsvkf.god.cn

Zhù zhǐ: Róng Yǒu Bǎo Shānxī Shěng Shuò Zhōu Shì Píng Lǔ Qū Chāng Lái Lù 136 Hào Dàn Yǒng Sì (Yóuzhèng Biānmǎ：481178). Liánxì Diànhuà：33788126. Diànzǐ Yóuxiāng：ovjkd@gmlqsvkf.god.cn

You Bao Rong, Dan Yong Temple, 136 Chang Lai Road, Pinglu District, Shuozhou, Shanxi. Postal Code: 481178. Phone Number：33788126. E-mail：ovjkd@gmlqsvkf.god.cn

1186。姓名: 查歧翰

住址（火车站）：山西省吕梁市文水县鸣游路 659 号吕梁站（邮政编码：755074）。联系电话：50867285。电子邮箱：fhucm@rjywhtbo.chr.cn

Zhù zhǐ: Zhā Qí Hàn Shānxī Shěng Lǚliáng Shì Wén Shuǐ Xiàn Míng Yóu Lù 659 Hào Lǚliáng Zhàn (Yóuzhèng Biānmǎ：755074). Liánxì Diànhuà：50867285. Diànzǐ Yóuxiāng：fhucm@rjywhtbo.chr.cn

Qi Han Zha, Luliang Railway Station, 659 Ming You Road, Wenshui County, Luliang, Shanxi. Postal Code: 755074. Phone Number：50867285. E-mail：fhucm@rjywhtbo.chr.cn

1187。姓名: 宁惟山

住址（大学）：山西省晋中市灵石县乙智大学员晖路 522 号（邮政编码：900867）。联系电话：48276035。电子邮箱：oqcru@mqjthbrw.edu.cn

Zhù zhǐ: Nìng Wéi Shān Shānxī Shěng Jìn Zhōng Shì Líng Shí Xiàn Yǐ Zhì DàxuéYuán Huī Lù 522 Hào (Yóuzhèng Biānmǎ：900867). Liánxì Diànhuà：48276035. Diànzǐ Yóuxiāng：oqcru@mqjthbrw.edu.cn

Wei Shan Ning, Yi Zhi University, 522 Yuan Hui Road, Lingshi County, Jinzhong, Shanxi. Postal Code: 900867. Phone Number：48276035. E-mail：oqcru@mqjthbrw.edu.cn

1188。姓名：时可澜

住址（公共汽车站）：山西省阳泉市盂县学锤路466号山焯站（邮政编码：157798）。联系电话：48904014。电子邮箱：zdhvm@odgplhzk.transport.cn

Zhù zhǐ: Shí Kě Lán Shānxī Shěng Yángquán Shì Yú Xiàn Xué Chuí Lù 466 Hào Shān Chāo Zhàn（Yóuzhèng Biānmǎ：157798). Liánxì Diànhuà：48904014. Diànzǐ Yóuxiāng：zdhvm@odgplhzk.transport.cn

Ke Lan Shi, Shan Chao Bus Station, 466 Xue Chui Road, Yu County, Yangquan, Shanxi. Postal Code: 157798. Phone Number：48904014. E-mail：zdhvm@odgplhzk.transport.cn

1189。姓名：勾队斌

住址（家庭）：山西省朔州市山阴县恩轼路769号仓征公寓3层207室（邮政编码：289020）。联系电话：23357033。电子邮箱：udqkx@exqvjsgm.cn

Zhù zhǐ: Gōu Duì Bīn Shānxī Shěng Shuò Zhōu Shì Shān Yīn Xiàn Ēn Shì Lù 769 Hào Cāng Zhēng Gōng Yù 3 Céng 207 Shì (Yóuzhèng Biānmǎ：289020). Liánxì Diànhuà：23357033. Diànzǐ Yóuxiāng：udqkx@exqvjsgm.cn

Dui Bin Gou, Room# 207, Floor# 3, Cang Zheng Apartment, 769 En Shi Road, Sanyin County, Shuozhou, Shanxi. Postal Code: 289020. Phone Number：23357033. E-mail：udqkx@exqvjsgm.cn

1190。姓名：谯陆岐

住址（家庭）：山西省运城市河津市王寰路472号勇仲公寓20层339室（邮政编码：633769）。联系电话：18093440。电子邮箱：ujxaf@ngjdrwaz.cn

Zhù zhǐ: Qiáo Liù Qí Shānxī Shěng Yùn Chéng Shì Héjīn Shì Wáng Huán Lù 472 Hào Yǒng Zhòng Gōng Yù 20 Céng 339 Shì (Yóuzhèng Biānmǎ：633769). Liánxì Diànhuà：18093440. Diànzǐ Yóuxiāng：ujxaf@ngjdrwaz.cn

Liu Qi Qiao, Room# 339, Floor# 20, Yong Zhong Apartment, 472 Wang Huan Road, Hejin City, Yuncheng, Shanxi. Postal Code: 633769. Phone Number：18093440. E-mail：ujxaf@ngjdrwaz.cn

1191。姓名: 汝风茂

住址（博物院）：山西省晋城市高平市陆豪路 496 号晋城博物馆（邮政编码：434284）。联系电话：14853631。电子邮箱：kmule@zmvrkibl.museums.cn

Zhù zhǐ: Rǔ Fēng Mào Shānxī Shěng Jìnchéng Shì Gāopíng Shì Liù Háo Lù 496 Hào Jncéng Bó Wù Guǎn (Yóuzhèng Biānmǎ：434284). Liánxì Diànhuà：14853631. Diànzǐ Yóuxiāng：kmule@zmvrkibl.museums.cn

Feng Mao Ru, Jincheng Museum, 496 Liu Hao Road, Gaoping City, Jincheng, Shanxi. Postal Code: 434284. Phone Number：14853631. E-mail：kmule@zmvrkibl.museums.cn

1192。姓名: 苗福豪

住址（广场）：山西省忻州市偏关县豹甫路 243 号锤泽广场（邮政编码：148353）。联系电话：75573848。电子邮箱：cxdem@ximcksnp.squares.cn

Zhù zhǐ: Miáo Fú Háo Shānxī Shěng Xīnzhōu Shì Piān Guān Xiàn Bào Fǔ Lù 243 Hào Chuí Zé Guǎng Chǎng (Yóuzhèng Biānmǎ：148353). Liánxì Diànhuà：75573848. Diànzǐ Yóuxiāng：cxdem@ximcksnp.squares.cn

Fu Hao Miao, Chui Ze Square, 243 Bao Fu Road, Pianguan County, Xinzhou, Shanxi. Postal Code: 148353. Phone Number：75573848. E-mail：cxdem@ximcksnp.squares.cn

1193。姓名: 东方尚坡

住址（公司）：山西省晋城市泽州县风翰路 845 号金熔有限公司（邮政编码：932157）。联系电话：94157891。电子邮箱：yecka@lrwpaszh.biz.cn

Zhù zhǐ: Dōngfāng Shàng Pō Shānxī Shěng Jìnchéng Shì Zé Zhōu Xiàn Fēng Hàn Lù 845 Hào Jīn Róng Yǒuxiàn Gōngsī (Yóuzhèng Biānmǎ：932157). Liánxì Diànhuà：94157891. Diànzǐ Yóuxiāng：yecka@lrwpaszh.biz.cn

Shang Po Dongfang, Jin Rong Corporation, 845 Feng Han Road, Zezhou County, Jincheng, Shanxi. Postal Code: 932157. Phone Number：94157891. E-mail：yecka@lrwpaszh.biz.cn

1194。姓名: 罗甫冠

住址（火车站）：山西省临汾市古县豹院路 935 号临汾站（邮政编码：178679）。联系电话：98084872。电子邮箱：jfbgz@ugkhofyq.chr.cn

Zhù zhǐ: Luó Fǔ Guàn Shānxī Shěng Línfén Shì Gǔ Xiàn Bào Yuàn Lù 935 Hào Línfén Zhàn (Yóuzhèng Biānmǎ：178679). Liánxì Diànhuà：98084872. Diànzǐ Yóuxiāng：jfbgz@ugkhofyq.chr.cn

Fu Guan Luo, Linfen Railway Station, 935 Bao Yuan Road, Guxian, Linfen, Shanxi. Postal Code: 178679. Phone Number：98084872. E-mail：jfbgz@ugkhofyq.chr.cn

1195。姓名: 史珂浩

住址（寺庙）：山西省晋中市榆次区维淹路 665 号居成寺（邮政编码：903317）。联系电话：69595790。电子邮箱：twsec@wtrluimy.god.cn

Zhù zhǐ: Shǐ Kē Hào Shānxī Shěng Jìn Zhōng Shì Yú Cì Qū Wéi Yān Lù 665 Hào Jū Chéng Sì (Yóuzhèng Biānmǎ：903317). Liánxì Diànhuà：69595790. Diànzǐ Yóuxiāng：twsec@wtrluimy.god.cn

Ke Hao Shi, Ju Cheng Temple, 665 Wei Yan Road, Yuci District, Jinzhong, Shanxi. Postal Code: 903317. Phone Number：69595790. E-mail：twsec@wtrluimy.god.cn

1196。姓名: 姜可自

住址（机场）：山西省朔州市山阴县帆超路 794 号朔州洵兆国际机场（邮政编码：197847）。联系电话：62031356。电子邮箱：vdfrk@lhwbfzca.airports.cn

Zhù zhǐ: Jiāng Kě Zì Shānxī Shěng Shuò Zhōu Shì Shān Yīn Xiàn Fān Chāo Lù 794 Hào uò Zōu Xún Zhào Guó Jì Jī Chǎng (Yóuzhèng Biānmǎ：197847). Liánxì Diànhuà：62031356. Diànzǐ Yóuxiāng：vdfrk@lhwbfzca.airports.cn

Ke Zi Jiang, Shuozhou Xun Zhao International Airport, 794 Fan Chao Road, Sanyin County, Shuozhou, Shanxi. Postal Code: 197847. Phone Number：62031356. E-mail：vdfrk@lhwbfzca.airports.cn

1197。姓名: 麻钊世

住址（寺庙）：山西省长治市武乡县辉舟路 794 号立跃寺（邮政编码：926654）。联系电话：14226097。电子邮箱：pnayc@egnpqfhz.god.cn

Zhù zhǐ: Má Zhāo Shì Shānxī Shěng Chángzhì Shì Wǔ Xiāng Xiàn Huī Zhōu Lù 794 Hào Lì Yuè Sì (Yóuzhèng Biānmǎ：926654). Liánxì Diànhuà：14226097. Diànzǐ Yóuxiāng：pnayc@egnpqfhz.god.cn

Zhao Shi Ma, Li Yue Temple, 794 Hui Zhou Road, Wuxiang County, Changzhi, Shanxi. Postal Code: 926654. Phone Number：14226097. E-mail：pnayc@egnpqfhz.god.cn

1198。姓名: 闻人食居

住址（机场）：山西省朔州市怀仁市兵智路 163 号朔州迅隆国际机场（邮政编码：706303）。联系电话：82017033。电子邮箱：ifnut@xesurogb.airports.cn

Zhù zhǐ: Wénrén Shí Jū Shānxī Shěng Shuò Zhōu Shì Huái Rén Shì Bīng Zhì Lù 163 Hào uò Zōu Xùn Lóng Guó Jì Jī Chǎng (Yóuzhèng Biānmǎ：706303). Liánxì Diànhuà：82017033. Diànzǐ Yóuxiāng：ifnut@xesurogb.airports.cn

Shi Ju Wenren, Shuozhou Xun Long International Airport, 163 Bing Zhi Road, Huairen City, Shuozhou, Shanxi. Postal Code: 706303. Phone Number：82017033. E-mail：ifnut@xesurogb.airports.cn

1199。姓名：蓝晖炯

住址（大学）：山西省晋中市寿阳县可桥大学土敬路846号（邮政编码：341670）。联系电话：83701522。电子邮箱：ohnzx@hojpmudw.edu.cn

Zhù zhǐ: Lán Huī Jiǒng Shānxī Shěng Jìn Zhōng Shì Shòu Yáng Xiàn Kě Qiáo DàxuéTǔ Jìng Lù 846 Hào (Yóuzhèng Biānmǎ：341670). Liánxì Diànhuà：83701522. Diànzǐ Yóuxiāng：ohnzx@hojpmudw.edu.cn

Hui Jiong Lan, Ke Qiao University, 846 Tu Jing Road, Shouyang County, Jinzhong, Shanxi. Postal Code: 341670. Phone Number：83701522. E-mail：ohnzx@hojpmudw.edu.cn

1200。姓名：融易惟

住址（大学）：山西省临汾市安泽县钢翰大学化豪路384号（邮政编码：127501）。联系电话：71774590。电子邮箱：uwpmz@htqjvmcy.edu.cn

Zhù zhǐ: Róng Yì Wéi Shānxī Shěng Línfén Shì Ān Zé Xiàn Gāng Hàn DàxuéHuā Háo Lù 384 Hào (Yóuzhèng Biānmǎ：127501). Liánxì Diànhuà：71774590. Diànzǐ Yóuxiāng：uwpmz@htqjvmcy.edu.cn

Yi Wei Rong, Gang Han University, 384 Hua Hao Road, Anze County, Linfen, Shanxi. Postal Code: 127501. Phone Number：71774590. E-mail：uwpmz@htqjvmcy.edu.cn

Milton Keynes UK
Ingram Content Group UK Ltd.
UKHW050916260224
438492UK00013B/625